Inhalt

Ein Indio darf den Tag nicht verschlafen . . 5

Materialien . . . .

1. Kinder in Südamerika
Ursula Wölfel:
Die grauen und die grünen Felder .

2. Bolivien: Land und Leute
Gunhild Niggestich:
Bolivien – Ein Land im Herzen Südamerikas . . . 55
Karte von Südamerika 55
Reichtum, der Armut bringt:
Die Spanier vernichten ein Land 58

3. Das harte Leben in den Zinnminen von Potosi
Gunhild Niggestich:
Potosi einst und jetzt 60
Anneliese Günther:
Ungleiche Geschwister: Silber und Silikose 61

4. Kinder im Andenhochland
Armut und Hunger 65
Anneliese Günther:
Heile Welt in Mutters Aguayo 65
Carolina Maria de Jesus:
Aus dem „Tagebuch der Armut“ 67
Favela in Bogotá (Foto) 67

Kinderarbeit 72
„Ich war zwölf, als ich anfing zu arbeiten.“ . . . 72
Luis Fernando an seinem Arbeitsplatz (Foto) . . 73
Freunde von Luis auf dem Weg in den Berg
(Foto) 75
Kleine Hände, kleine Fäuste 77

Reinhard Jung sprach mit Kindern
in Südamerika 77
Kinderarbeit im Steinbruch (Foto) 78
Vereinte Nationen:
„Erklärung der Rechte des Kindes“ (Auszüge) . 79

Kinderbanden in der Großstadt 80
Enrique Congrains Martin:
Der Kleine von „Fast-Schon-Im-Himmel“ . . . 80
Interview mit einem Straßenjungen (Gamin) . . 94
Gamines in den Straßen Bogotás (Foto) 97

5. Lesetips 100

Textquellenverzeichnis 102
Bildquellenverzeichnis 103

Ein Indio darf den Tag nicht verschlafen

Jose geht auf der großen Straße.

Die Straße ist lang und endlos. Sie klettert an den Bergen der Anden entlang, und plötzlich fällt sie ins Tal.

Es ist eine Straße aus Steinen und Geröll – die Straße nach Potosi. Die Straße ist alt – uralt.

Und seit Jahren und Jahren und endlosen Jahren gehen die Ketschuaindianer mit nackten Sohlen über diese Straße hinab zu der großen Stadt, die am Silberberg liegt. Sie tragen Salz, Kartoffeln und Mais auf den Markt. Denn die Äcker an den Bergen Südamerikas sind klein, steinig und arm. Aber die Indios sind noch ärmer als die Äcker, die ihnen nicht gehören.

Auf dieser großen, endlosen, steinigen Straße geht Jose. Und Jose geht allein.

Jetzt bleibt er stehen und schaut zurück – hinauf zu den himmelhohen Bergen der Anden. Irgendwo dort oben stehen die Hütten des Dorfes Puna. Und in der Hütte am Ende des Dorfes wohnt Joses Mutter. Die Hütte hat keine Fenster. Sie ist aus Lehm gebaut und mit Gras gedeckt. Sie hat keine Tür, nur ein viereckiges Loch. In dieser Hütte ist Jose geboren.

Er kann die Hütten von Puna nicht mehr sehen. Zu lange schon ist er auf der großen Straße gegangen.

Er hält seine Fußsohlen gegen den sonnenhellen Fels, um sie zu wärmen, denn es ist eisig kalt in den Bergen.

Jose ist allein.

Er sucht einen Platz auf der Welt, wo es Brot für ihn gibt; in der Hütte von Puna reicht das Brot nicht mehr für alle.

In Potosi gibt es Brot – denkt Jose.

Und Jose geht weiter auf der großen Straße hinab zu der Stadt Potosi.

Rechts und links der Straße liegen viele Steine. Zwischen ihnen stehen hohe Kakteen und dornige Sträucher.

Jose geht und denkt nach.

Er denkt an seine Mutter und an die dunkle Hütte im Dorf Puna. Er denkt an den Hunger. Und dann träumt Jose von einem hohen Haus aus Steinen – mit Fenstern aus Glas und einer richtigen Tür. Vor dem Haus aus Steinen stehen fünf Lamas. Sie tragen große Körbe randvoll mit duftenden Maisfladen gefüllt.

Maisbrot – denkt Jose.

Er setzt sich an den Rand der Straße und schlägt seinen Poncho auseinander. Viele Löcher hat Joses Poncho, und die Sonne malt durch die Löcher helle Sonnenkringel auf die staubige Straße.

Jose sieht die Kringel an. Wie gelbe Maisfladen – denkt er.

Jose knüpft das Tuch auseinander, das er in der Hand trägt. Ein kleiner brauner Maisfladen liegt darin – der letzte. Jose bricht ein kleines Stück davon ab und steckt es in den Mund. Er kaut langsam. Und dabei sieht er auf die Straße, die von den Bergen herabklettert in das Tal. Den Rest des Fladens wickelt er wieder in sein Tuch.

Jose und die große Straße sind allein.

Jose sitzt in der warmen Sonne. Da knackt es plötzlich leise zwischen den hohen Dornensträuchern.

Erschrocken zieht Jose seine Füße dicht an den Körper heran.

Er lauscht.

Da knackt es wieder. Jose fällt alles ein, was die Leute im Dorf Puna von den Geistern der Berge und den uralten Göttern der Indios erzählen.

Da steht Jose auf, schlägt seinen Poncho zusammen und läuft die Straße hinab – schneller und schneller.

An der Biegung bleibt er stehen. Heftig geht sein Atem, und sein Herz klopft laut. Er lauscht.

Klapp-klapp-klapp-klapp-klapp – kommt es hinter ihm her.

Jose läuft weiter. Er wagt nicht, sich umzusehen.

Er hat Angst.

Klapp-klapp-klapp-klapp-klapp – läuft es weiter hinter ihm her. Und plötzlich kann Jose nicht mehr laufen.

Seine Füße bleiben stehen. Die Angst hat ihm den Atem genommen.

Klapp-klapp-klapp-klapp – kommt es näher und näher.

Klapp-klapp-klapp – bleibt es hinter Jose stehen.

Jose steht starr vor Schreck. Da pustet ihm jemand in das rechte Ohr, und ein langer, borstiger Kopf legt sich auf seine Schulter.

Vorsichtig schaut Jose zur Seite.

Hinter ihm steht ein großer, grauer Esel. Sein zerzaustes Fell hängt faltig um die tiefen Hungerkuten.

Ein Esel – denkt Jose, und seine Angst ist fort.

„Hau ab!" sagt er, und gibt dem Esel einen kleinen Stoß.

„I-a!" ruft der Esel und drängt sich noch dichter an Jose heran. Er reibt seinen großen, grauen Kopf an Joses Wange.

Da sieht Jose – der Esel hat nur ein einziges Ohr.

Jose muß lachen. Der Esel bleibt ganz dicht neben Jose stehen und schaut ihn mit seinen schwarzen Augen an.

„Geh!" sagt Jose wieder.

Der Esel zieht schnaubend die Luft ein. Dann stößt er mit seiner Nase gegen Joses Tuch. Der Duft des Maisfladens.

Jose ist wütend, er schlägt dem Esel mit der flachen Hand auf den Hals. „Das ist mein letzter Fladen."

Der Esel hebt den Kopf und schreit laut.

Da läuft Jose dem Esel einfach davon – die Straße hinab zu der großen Stadt Potosi.

„I-a! I-a!" schreit der Esel. Und dann läuft er hinter Jose her – die Straße hinab zu der Stadt Potosi.

Joses Schritte werden schneller und schneller, aber der Esel holt ihn ein.

Jose und die große Straße sind nicht mehr allein.

Die Straße macht eine Schleife. Wo die Schleife zu Ende ist, liegt die Stadt Potosi im Tal.

Jose bleibt stehen.

Er hat den Esel mit dem einen Ohr vergessen, er hat die Hütten von Puna vergessen – er hat alles vergessen!

So viele Dächer hat Jose noch nie gesehen.

Dach an Dach, wie aufgereiht auf Ketten und Schnüren, liegen die Häuser von Potosi vor ihm im Tal. Und dazwischen stehen Türme – runde und spitze, große und kleine, Türme – Türme – Türme.

Jose schaut und schaut. So eine Stadt – denkt er – so eine riesengroße Stadt!

Er steht da und ist ganz versunken. Sein Tuchbündel fällt zu Boden. Der Esel kommt heran. Er beugt seinen Kopf und schiebt sein Maul in das Tuchbündel hinein.

Wohlig schniefend kaut der Esel den Maisfladen. Dann stößt er Jose mit seinem Kopf in die Seite.

Jose erwacht. Er sieht den Esel an. Er sieht das leere Tuch auf der Straße. Da wird Jose zornig. Wütend haut er dem Esel die Faust aufs Maul.

Der Esel springt zur Seite. Dann senkt er seinen Kopf. Er steht da und schaut Jose mit seinen großen, sanften, schwarzen Augen an.

„Hau ab!“ schreit Jose.

Aber der Esel steht da und schaut ihn an.

Jose hebt sein Tuch auf und geht weiter auf der großen Straße, ohne sich umzusehen.

Klapp-klapp-klapp-klapp – kommt es wieder hinter ihm her.

Aber er will es nicht hören.

Die Sonne steht schon hoch am Himmel, als Jose in die ersten Hütten der Stadt hineinsehen kann.

Es sind kleine Hütten. Sie haben Dächer aus Blech. Vor den Hütten sitzen viele Kinder und Frauen und schwatzen. Zwischen den Hütten stehen Pfützen mit schmutzigem Wasser.

Jose sieht sich mit ernsten Augen um. Ob es hier Brot für ihn gibt? Da ruft ein Junge: „Da läuft ein Esel vor dem anderen!"

Alle lachen – die Mädchen und Jungen und Frauen. „Aber der zweite Esel hat nur ein Ohr!" ruft ein anderer. Ein kleines Mädchen klatscht in die Hände. „Esel Einohr – Esel Einohr!"

Und wieder lachen sie alle.

Jose sieht sie an. Er sagt leise: „Das ist nicht mein Esel!" Da legt der Esel seinen Kopf an Joses Wange.

„I-a!" ruft er laut und schiebt Jose vorwärts. Jose stolpert ein paar Schritte weiter.

Er tritt in die Pfützen. Die Jungen auf der Gasse lachen. Und hinter Jose geht der Esel, der nur ein Ohr hat.

Jose läuft schneller durch die Gassen der Vorstadt. Und hinter ihm her läuft das Lachen.

Ich will ihn nicht mehr haben – den alten Esel! Jose hat nur noch diesen einzigen Gedanken.

Da steht Jose plötzlich vor einem hohen Tor. Und hinter dem Tor liegt ein Marktplatz.

Frauen sitzen da und preisen ihre Waren an. Vor ihnen liegen Berge von Kartoffeln, Melonen, Äpfeln, Orangen. Und zwischen ihnen drängen sich viele Menschen mit Körben und Säcken.

Männer schleppen hohe Kiepen mit Maiskolben und Salz heran. Eine alte Frau sitzt auf dem Pflaster. Vor ihr stehen Körbe mit gelben, knusprigen, duftenden Maisfladen.

Jose drängt sich zwischen die Menschen.

Hier werde ich ihn los, denkt Jose. Und er schlüpft zwischen Melonenbergen und Menschen, zwischen Maiskörben und Ferkeln hindurch.

„I-a!“ ruft es empört hinter Jose.

Menschen schimpfen und lachen. Frauen drohen. Aber Jose läuft und läuft.

Er sieht den Esel nicht mehr.

Er ist weg! – denkt Jose. Und langsam geht er an den Melonenbergen und an den Maiskörben vorbei, bis er wieder vor der alten Fladenverkäuferin stehen bleibt.

Der kleine Jose sieht die gelben, knusprigen Maisfladen an. Der Duft steigt ihm in die Nase.

Und Jose starrt die Fladen an.

Die Händlerin hält ihm einen großen Fladen entgegen.

„Kauft Fladen – kauft frische heiße Maisfladen!“ ruft sie.

Der kleine Jose schüttelt traurig den Kopf. Nicht einen Centavo hat er in seiner Tasche – nicht einen einzigen!

„I-a!“ ruft es plötzlich neben Jose. Und der Esel senkt seinen struppigen Kopf tief in den Fladenkorb. Die harten Maisfladen knacken zwischen seinen gelben Zähnen.

„O – o – das mußt du mir bezahlen!“ schreit die Händlerin. Sie will Jose greifen. Aber Jose schlüpft an den Körben vorbei, hinein in das Menschengedränge. „Haltet den Dieb! Haltet ihn!“ ruft die Händlerin und schüttelt zornig ihre Fäuste. Jose läuft und läuft.

Längst ist er vom Marktplatz fort. Er läuft ziellos durch die engen Gassen.

Jose bleibt stehen. Sein Herz schlägt schnell. Jose sieht sich um. Niemand ist ihm gefolgt.

Da lehnt er sich gegen eine Hauswand und wird ruhiger. Endlich ist der Esel fort – denkt Jose. Und langsam geht er die Gasse hinunter bis an das Ende.

Jose biegt um die Ecke.

„I-a!“ schreit es ihm freudig entgegen. Und der alte Esel mit dem einen Ohr läuft auf Jose zu.

Jose steht da, als wären seine Füße im Boden angewachsen, so erschrocken ist er.

„Höre zu, du lästiger Esel! Ich will dich nicht haben!“ schreit Jose zornig und stößt den Esel zurück.

Dann geht Jose weiter – straßauf, straßab. Aber der Esel läuft weiter hinter ihm her.

Da kommen sie an eine breite Straße. Autos fahren und Omnibusse rattern. Menschen auf Fahrrädern rollen vorbei. Hupen dröhnen, Glocken klingeln, Menschen schimpfen. Jose hat so etwas noch nie gesehen. Langsam wird ihm Angst. Es ist eine große Stadt, eine sehr große Stadt. Es ist bestimmt die allergrößte, die es gibt.

Ein Omnibus hält vor Jose. Menschen steigen ein und aus. Jose blickt auf den Omnibus und dann auf den Esel, der neben ihm steht.

Jose hat einen Einfall.

Er drängt sich einfach in den Omnibus hinein. Der Omnibus fährt an. Er fährt mit Jose davon – um eine Ecke und um eine andere Ecke, langsam und klappernd, denn es ist ein sehr alter Omnibus.

Der Omnibus hält wieder an.

Jose schaut durch die hintere Scheibe. Er sieht den alten Esel galoppieren.

Jose schließt die Augen. Als er sie wieder öffnet, steht ein Mann vor ihm mit einer großen Ledertasche.

„Fünf Centavos!“ sagt er und streckt Jose die Hand entgegen.

„Aber – ich habe kein Geld!“ sagt Jose erschrocken.

Alle Leute schauen den kleinen Jose an. Der Schaffner wird böse. Jose will aussteigen. Aber der Schaffner hält ihn an seinem Poncho fest.

„Polizei! Polizei!“ ruft er.

In diesem Augenblick hat Esel Einohr den Omnibus erreicht. Er setzt seine Vorderhufe in den Omnibus und stößt und drängt die Menschen zur Seite.

Gleich reden alle durcheinander. Und niemand denkt mehr an Jose. Der schlüpft aus dem Omnibus und läuft davon.

An einer Straßenecke bleibt er stehen und sieht sich um. Und wirklich – da kommt der Esel wieder angetrabt. Jose läuft nicht mehr davon. Er sieht die großen, sanften, schwarzen Augen des Esels. Er sieht das struppige Fell, das faltig um die tiefen Hungerkuten hängt. „Komm, Esel!" sagt Jose. Und er legt seine Hand an den Hals des Esels. So gehen die beiden durch die Straßen der Stadt – durch die große, fremde, laute Stadt Potosi.

Und Jose ist nicht mehr ganz allein.

Die Sonne steht hoch über Potosi. Sie brennt und sticht. „Ich habe Hunger!" sagt Jose zu seinem Esel. Der Esel schaut Jose mit seinen sanften, schwarzen Augen an. Er nickt mit dem Kopf, aber er trottet weiter.

„Ich werde dich auch Einohr nennen!" sagt Jose. „Aber du sollst mein Freund sein." Und Jose klopft dem Esel auf den Hals. Da kommen die beiden an einer Kirche vorbei. Hoch ragen die Türme in den Himmel. Die Wände blenden weiß.

Viele Menschen sitzen auf den Stufen – Leute aus den Bergen, Indiofrauen mit kleinen, schwarzen Hüten und Männer mit buntleuchtenden Ponchos. Sie schwatzen und kauen die Blätter der Kokastaude. Viele haben Tücher vor sich ausgebreitet und essen Maisfladen.

Joses Hunger wächst beim Anblick der Fladen. Der Esel Einohr hebt seinen Kopf und saugt den Duft der Fladen in seine Nüstern. Da sieht Jose einige Jungen auf den Stufen der Kirche. Neben ihnen hocken alte Männer und Frauen mit verrunzelten Gesichtern. Die Männer tragen zerrissene Ponchos wie Jose. Unter ihren ausgefransten Hosen sehen die nackten Füße hervor.

Von den Türmen läuten die Glocken. Die große Kirchentür öffnet sich. Menschen drängen heraus. Manche sind vornehm gekleidet.

Die Zerlumpten auf den Stufen strecken den Reichgekleideten ihre Hände entgegen.

„Einen Centavo nur – nur einen einzigen!“ flüstern, bitten und schreien sie. Aber nur wenige von ihnen bekommen einen Centavo.

Müde hockt sich Jose auf die Stufen der Kirche. Der Esel Einohr stellt sich daneben.

Jose streckt den Menschen schüchtern die Hände entgegen. Und manche von ihnen sehen Jose an und auch den Esel mit dem einen Ohr. Aber sie geben den beiden keine Centavos – nicht einen einzigen.

Da kommt einer der zerlumpten Jungen gesprungen und drängt Jose von den Stufen.

Plötzlich stehen viele Jungen um Jose herum. Und sie sagen zu Jose, daß der Platz auf den Stufen nicht jedem gehört. „Aber ich habe Hunger – großen Hunger!“ flüstert Jose.

„Hunger haben wir alle!“ sagt einer der großen Jungen. „Geh fort!“ Und er ballt drohend eine Hand zur Faust.

Da drängt sich ein Kleiner an Jose heran.

„Du, Fremder“, flüstert der Kleine. „Geh zum Marktplatz. Da kannst du dir einen Maiskolben holen, wenn du schnelle Beine hast. Oder vielleicht sogar eine Zuckermelone!“ Der Anführer der Jungen schaut Jose nach.

„He, du Eselsführer! Geh in die Sucrestraße! Da ist vielleicht ein Platz frei zum Betteln. Aber hier lasse dich nicht mehr sehen!“ Und wieder hebt er drohend die Faust.

Langsam und müde geht Jose mit seinem Esel davon. Und mit den beiden geht der Hunger. Er steigt in Joses Füße und Hände und verdrängt im Kopf alle Gedanken.

Jose ist zornig auf die Jungen.

„Sie haben uns fortgejagt – einfach fortgejagt!“ sagt Jose zu dem Esel.

Jose und der Esel Einohr suchen die Straßen auf und ab, aber die Sucrestraße finden sie nicht.

Die Sonne sinkt über Potosi. Die Schatten der Türme legen sich lang und länger über die engen Gassen und die unzähligen Dächer der Stadt.

Da kommen Jose und der Esel Einohr an einen weiten Platz. Bäume stehen da mit dicken Stämmen, und Wege führen hin und her.

Esel Einohr bleibt unter einem Baum stehen. Er beugt seine Vorderbeine und legt sich nieder. Jose setzt sich zu ihm und bettet seinen Kopf auf den Hals des Esels. So ruhen die beiden – hungrig und müde. Und niemand in der Stadt Potosi sieht auf den kleinen Jose und auf seinen Esel. Alle gehen vorüber – langsam oder schnell. Und Jose und Esel Einohr sind allein zwischen den Häusern und den Menschen in der großen Stadt Potosi.

Es ist dämmrig geworden.

Da kommt ein Indio den Weg entlang. Er trägt mühsam zwei Körbe mit Melonen auf dem Rücken. Vor Jose bleibt er stehen und setzt die Körbe auf den Boden. Abschätzend betrachtet der Fremde den liegenden Esel. „Kann er Körbe tragen?“ fragt der Fremde Jose. Jose springt auf. Er streicht seinem Esel über den Hals. Mühsam richtet sich der Esel auf.

Geduldig läßt sich Einohr die schweren Körbe über den Rücken legen. Oh, er schafft es nicht, er wird gleich zerbrechen, mitten durch – denkt Jose.

Aber Einohr hat seinen Kopf gesenkt und geht vorwärts – Schritt um Schritt, aber er geht. Er trägt die schweren Körbe die Gassen entlang.

Jose läuft neben Einohr und dem fremden Indio her. Er legt seine Hand auf den Hals des Esels.

Plötzlich ist Jose sehr stolz auf seinen Esel. „Es ist ein

gutes Tier!“ sagt Jose zu dem Fremden. „Und er ist stark – sehr stark!“ Der Fremde sieht die beiden an, wie sie mager und müde durch die Gassen und Straßen gehen. Aber er sagt nichts. Kurz vor dem Marktplatz bleibt er stehen. Jose hebt die Körbe vom Rücken des Esels. Erleichtert schnauft Einohr und schüttelt sein zerzaustes Fell.

Jose schleppt die schweren Körbe bis zum Eingang eines Hauses. Der Fremde greift unter seinen Poncho und gibt Jose zwei Centavos. Dann geht er schweigend in das Haus hinein.

Jose schließt die Faust fest um die beiden Geldstücke.

„Einohr!“ sagt er. „Wir haben Geld! Wir haben es verdient – du und ich.“ Jose schüttelt seine Faust und läßt die Geldstücke klingen.

Sie gehen weiter durch die dämmrigen Gassen von Potosi. Da sehen sie eine alte Frau mit einem Korb. In dem Korb liegen Maisfladen.

Jose sagt: „Ich möchte Fladen kaufen – viele Fladen. Wir haben Hunger, ich und mein Esel!“ Und er öffnet seine Faust und zeigt der Frau die Geldstücke.

Schweigend nimmt die Frau das Geld und steckt es in eine lederne Tasche, die sie um den Hals trägt.

Dann greift sie in den Korb und reicht Jose zwei Fladen.

„Aber – wir wollen mehr Fladen – wir haben Hunger“, sagt Jose.

Da nimmt die Frau die Körbe und geht einfach davon.

„Zwei Centavos – zwei Fladen!“ murmelte sie. Jose und sein Esel Einohr bleiben in der dunklen Gasse zurück.

Jose schaut auf die Fladen. „Wir teilen sie!“ sagt er. Und er steckt dem Esel einen Fladen in das Maul.

Einohr schließt die Augen und kaut. Und auch Jose verschlingt gierig seinen Fladen. Dann gehen die beiden langsam weiter. Die Nacht über der großen Stadt Potosi wird immer schwärzer. In den Nischen der Haustüren, auf den breiten Plätzen und auf den Treppen der Kirchen sitzen und liegen die Menschen, die in Potosi keine Heimat haben. Sie schlafen unter ihrem Poncho, oder sie reden miteinander.

Jose und Esel Einohr gehen immer langsamer, so müde sind sie. Die beiden Maisfladen haben sie nicht satt gemacht.

Da taucht aus dem Dunkel ein Baum vor ihnen auf. Esel Einohr legt sich an seinem Stamm nieder. Jose setzt sich zu dem Esel und zieht seine nackten Füße dicht an das warme Fell des Tieres. Die Nacht ist sehr kalt in Potosi.

Jose legt seinen löchrigen Poncho über sich und über Einohrs Kopf.

Beim Einschlafen denkt Jose an die Hütte in Puna und an die Mutter. Er denkt an den Topf mit Maisbrei, den die Mutter an jedem Mittag in die Hütte getragen hat.

„Ob wir wohl morgen satt werden?“ flüstert Jose seinem Esel zu.

Der Esel saugt die Luft tief ein und seufzt im Schlaf. Da schläft Jose auch ein.

Über den vielen Dächern und Türmen der großen Stadt Potosi leuchten kalt die Sterne.

Es ist noch finstere Nacht, als Jose wach wird. Die Kälte hat ihn geweckt, die jede Nacht von den Bergen der Anden in die Stadt Potosi fällt.

Esel Einohr friert auch. Er zittert vor Kälte. Da stehen beide auf und gehen in die dunkle Stadt hinein.

In den großen Häusern der Stadt ist noch alles still. Jose und Esel Einohr kommen in enge Gassen mit schmutzigen Hütten.

Menschen hasten an den beiden vorbei, grau und gebückt. Es sind Männer und Frauen und Kinder. Und alle gehen hinauf zu dem Zinnberg, der hoch über Potosi ragt.

„Sie gehen zur Arbeit, Einohr!“ sagt Jose. „Wir werden mitgehen und Arbeit finden – für dich und für mich.“ Jose schiebt sich in den Strom der Menschen.

„Du!“ redet Jose einen Jungen an, der in der Nähe geht, „ich will arbeiten, für Centavos.“

Der Junge geht schweigend weiter. Er ist eine Handbreit kleiner als Jose.

„Ob man uns Arbeit gibt?“ fragt Jose.

„Vielleicht“, antwortet der Junge und geht weiter.

„Hast du Brot für drei Tage?“

„Nein“, sagt Jose.

„Hast du eine Hacke und einen Sack?“

„Nein!“ antwortet Jose.

„Die Sonne wird dreimal aufgehen, ehe wir aus dem Berg zurückkommen“, sagt der Junge mit müder Stimme. Seine nackten Sohlen klatschen auf das harte Pflaster.

Da bleibt Jose stehen. Er sieht hinauf zu dem hohen Berg. Er sieht die vielen kleinen Löcher. „Du, Einohr – wir haben keine Maisfladen!“ sagt Jose leise. „Wir werden vor Hunger sterben – tief im Berg.“ Jose legt die Hand auf den Hals des Esels. Er geht zurück durch die schmutzigen Gassen mit den engen Hütten, dem schweigenden Strom der Arbeiter entgegen.

Als Jose wieder in die Stadt hineinkommt, werden die ersten Häuser hell in Potosi. Aber noch immer ist die Sonne nicht aufgegangen. „I-a!“ schreit der Esel und bleibt stehen. Jose klopft ihm die mageren Flanken.

„Du hast Hunger! Ich habe auch Hunger. Wir brauchen Centavos für Brot und Heu – viele Centavos.“ Und die beiden gehen zum Markt.

Auf dem Markt legen bereits die ersten Händler Tücher auf die Erde und breiten ihre Waren aus.

Die Sonne schickt die erste Dämmerung über Potosi.

Indiofrauen kommen und tragen in Tüchern Brennholz und süße Kartoffeln heran.

Ein alter Indio treibt eine Schar schwarzer Ferkel vor sich her.

Jose geht von einem zum anderen und fragt nach Arbeit. Aber niemand hat Arbeit für Jose und seinen Esel.

Die Sonne steigt über die Türme von Potosi. Und langsam verschwindet die Kälte aus den Gassen und Straßen der Stadt.

„Was wollen wir tun, Einohr?" fragt Jose seinen Esel. Der Esel schüttelt sein einziges Ohr. Jose ist matt vor Hunger und Müdigkeit. Wieder denkt er an den Topf Maisbrei in der Hütte von Puna. Traurig legt er seinen Arm um den Hals des Esels und geht weiter – straßauf und straßab – durch das lärmende Potosi.

Plötzlich bleibt Jose stehen.

Er denkt an die Zerlumpten auf den Treppen der Kirchen. Er hält Einohr fest am Hals und streckt seine Hand unter dem zerrissenen Poncho den Leuten entgegen.

Viele gehen vorbei. Manche sehen nicht einmal den kleinen Indiojungen am Rande der Straße. Sie sehen nicht, daß er hungrig ist und allein. Manche blicken auf Jose und seinen Esel, aber es gibt zu viele Menschen in Potosi, die keine Centavos haben. Sie gehen vorbei.

Die Sonne steht hoch über Potosi.

Jose setzt sich auf das Pflaster, denn seine Füße wollen ihn nicht mehr tragen.

Da geht ein Indio vorbei. Auf dem Rücken trägt er viele Töpfe aus Ton. Die Töpfe schwingen im Takt seiner Schritte mit.

Der Händler bleibt vor Jose stehen. Er geht um den Esel herum. Er klopft Einohr abschätzend auf die Flanken.

Einohr schüttelt mißbilligend sein einziges Ohr.

Jose ist aufgesprungen. „Es ist mein Esel!" sagt er schnell.

„Ein häßlicher, alter und schwacher Esel ist es!" sagt der Händler. „Aber ich könnte ihn trotzdem brauchen."

„Es ist mein Esel“, sagt Jose weiter, und er legt beide Arme um Einohrs Kopf.

„Aber er hat nur ein einziges Ohr!“ Der Händler lacht. „Und was ist schon ein Esel mit einem einzigen Ohr. Wertlos ist er!“

„Es ist mein Esel!“ sagt Jose noch einmal, und er schreit es, so laut er kann.

Männer und Frauen bleiben stehen. Kinder drängen sich dazwischen.

„Er ist drei Centavos wert – der Krüppel!“ ruft ein Mann.

„Ich will ihn nicht verkaufen“, sagt Jose. Der Händler greift in seine Ledertasche, die er um die Hüften trägt. „Da!“ sagt er zu Jose und öffnet seine Hand. Viele Centavos liegen darin, so viele Centavos, wie Jose Finger an beiden Händen hat.

Jose starrt auf die Centavos. So viel Geld hat er noch nie gesehen! Jose berührt die Geldstücke mit seinen Fingern. Sie sind hart und kalt.

„Brot werde ich mir kaufen“, flüstert Jose, „und Maisbrei und süße Melonen. Und ich werde essen und essen und essen.“

Und plötzlich greift Jose nach den Centavos. Er fühlt sie alle in seiner Hand. Er schließt schützend die andere Hand darum und läßt die Geldstücke an seinem Ohr klingen. Brot und Mais und Melonen – denkt Jose.

Da legt der Händler dem Esel Einohr einen dicken Strick um den Hals. Und er bindet die Stangen mit den Töpfen auf dem Eselsrücken fest.

Jose steht noch immer wie verzaubert und denkt an süßen Maisbrei und an Melonen.

Der Händler geht mit dem Esel davon. Einohr hält traurig seinen Kopf zur Erde gesenkt.

„Nein!“ schreit Jose plötzlich. „Nein!“ Und er läuft hinter seinem Esel her. „Nimm sie zurück, die Centavos!“ sagt Jose zu dem Händler. Der Händler aber lacht und gibt Jose einen kleinen Stoß. „Verkauft ist verkauft!“ sagt er und geht weiter.

Jose bleibt mitten auf der Straße stehen. Autos hupen, Menschen schimpfen.

Ein Mädchen mit einem Korb faßt Jose an der Schulter und führt ihn von der Straße.

„Er nimmt meinen Esel fort!“ flüstert Jose, und Tränen stehen in seinen Augen. „Wer ist es – wie heißt er?“

Das Mädchen sieht Jose an. „Es ist Juan, der Topfhändler aus der Ajigasse“, sagt sie und lächelt Jose zu. Dann verschwindet sie im Gedränge der Menschen.

Jose geht langsam weiter. Seine Gedanken purzeln durcheinander. Brot und süßen Brei und saftige Melonen – denkt er.

Und vielleicht eine Flöte! Jose spürt die harten Centavos in seiner Faust.

Ich habe Geld – viel Geld! Ich werde in einem Haus schlafen mit hohen Fenstern und geschnitzten Türen. Und ich werde essen und essen und essen.

An einem Torbogen bleibt Jose stehen. In der Nische des Tores steht eine dicke Indiofrau mit einem schwarzen Hut und streicht Maisbrei auf eine heiße Herdplatte.

Herrlicher Duft steigt empor. Knusprig liegen die Maisfladen übereinander.

„Ich will Fladen kaufen“, sagt Jose schnell. Die Indiofrau sieht Jose an.

„Hast du Geld?“

Jose öffnet seine Faust. Die Frau sieht die vielen Centavos und nickt. Sie nimmt einen frisch gebackenen Fladen und reicht ihn noch dampfend Jose. Der beißt gierig hinein, und greift nach dem zweiten. Da fällt ihm der Esel ein und der Strick um seinen Hals. Jose schließt seine Hand über dem Geld und läuft davon.

Und wohin auch Jose geht – immer, wenn er süße Melonen oder saftige Gurken oder süßen Maisbrei kaufen will – immer fällt ihm der Esel Einohr ein. Und immer wieder schließt Jose die Faust um die Centavos und geht weiter.

Schon sinkt die Sonne hinter den Türmen und Dächern von Potosi. Joses Füße sind schwer vor Müdigkeit.

„Wo ist die Ajigasse?" fragt er einen Mann. Der Mann zeigt mit dem Arm nach Norden. Da geht Jose nach Norden.

„Wo ist die Ajigasse?" fragt Jose eine alte Frau.

Die Frau zeigt ihm den Weg. Und Jose geht und geht, bis er die Ajigasse gefunden hat.

Wieder stehen die Sterne kalt über der Stadt Potosi. Aber Jose schläft nicht. Er sucht die Hütte von Juan, dem Topfverkäufer.

Jose findet die Hütte. Er geht hinein. Niemand ist in der Hütte. Die Stangen mit den Töpfen hängen an der Wand. Eine Wolldecke liegt auf dem Boden. Auf einem Brett an der Wand steht eine Tasse.

Jose schleicht durch den engen Raum der Hütte. Wie ein Dieb schleicht er – bis auf den Hof.

Da steht der Esel Einohr und läßt traurig sein einziges Ohr hängen. „Mein Esel!" flüstert Jose leise. Er legt dem Esel beide Hände um den Hals. Dann knotet er den Strick vom Hals des Tieres.

Jose schleicht noch einmal in die Hütte zurück. Alle Centavos legt er auf die Wolldecke, nicht einen einzigen behält er – nicht einen einzigen für einen Maisfladen.

Jose und der Esel gehen durch die Nacht von Potosi und suchen einen Platz zum Schlafen.

Der Esel legt seinen Kopf an Joses Wange.

„Mein Esel!" flüstert der kleine Jose zärtlich. „Mein guter, alter Esel!"

Jose und der Esel Einohr haben geschlafen. Die Nacht war noch kälter, und Jose war noch hungriger als in der Nacht zuvor.

Jose versucht aufzustehen.

Ich werde mich warm laufen – denkt Jose. Aber seine Füße wollen ihn nicht mehr tragen.

„Einohr!“ sagt Jose. „Steh auf, mein Esel!“ Und als der Esel sich erhebt, legt Jose beide Arme um seinen Hals und läßt sich von dem Esel führen.

Nur ein paar Schritte weit kommen sie. Dann sinkt Jose wieder am Rande der Straße zusammen. Und Esel Einohr legt sich zu Jose.

Die Stunden vergehen.

Wieder steigt die Dämmerung des Morgens von den Bergen hinab.

Joses Gesicht glüht vor Fieber, weil die Nächte von Potosi so kalt sind.

Der graue Esel drängt wieder und wieder seinen Kopf an Joses Wange. Jose ist nicht allein in der großen, fremden Stadt. Langsam beginnt das Leben in den Straßen von Potosi.

Die ersten Autos rattern heran. Frauen mit Körben gehen zum Markt – wie an jedem Morgen.

Eine Indiofrau bleibt bei Jose stehen. Sie sieht ihn mitleidig an und fragt ihn etwas. Aber Jose kann es nicht verstehen. Er träumt von den Hütten in Puna, und sieht die Menschen auf der Straße nicht. Jose fühlt nur die Wärme seines Esels. Er hält sich mit beiden Händen an Einohr fest – ganz fest.

Viele Menschen wohnen in Potosi. Und viele Männer und Frauen und Kinder wandern täglich von den Bergen hinab in die große Stadt, ziehen durch ihre Gassen und Straßen und verlassen sie wieder auf der großen, endlosen Straße, die zwischen den hohen Bergen der Anden verschwindet.

Als die Sonne über Potosi strahlt und sticht, steht ein alter Indio vor Jose.

Es ist Pedro, der Musikant.

Pedro ist ein ganzes Leben lang gewandert – vom Meer hinauf zu den Bergen und wieder hinab zum Meer.

Der alte Pedro trägt um seinen Hals eine Laute. Sie ist aus der Schale eines Gürteltieres gemacht. Pedro kann die Laute spielen, und er kann singen, daß die Menschen in den Straßen zusammenlaufen. Pedro spielte auf seiner Laute die uralten Lieder der Indios.

Er sieht den kleinen Jose, der am Straßenrand liegt. Er denkt an die Not in seiner Kindheit und daran, daß alle Indios Brüder sind.

Pedro beugt sich zu Jose. Er legt ihm seine kühle Hand auf die heiße Stirn.

Jose wendet langsam seinen Kopf. Er sieht zwischen den vielen Falten in Pedros Gesicht Freundlichkeit und Güte. Pedro streicht dem Esel über das Fell. Dann lächelt er. Er nimmt eine große Kürbisflasche von seinem Gürtel und reicht sie Jose.

Es ist eine wunderschöne Flasche. Sie ist mit Silber verziert und mit bunten Figuren bemalt.

Jose trinkt aus der Flasche. Er trinkt und trinkt.

Er sieht die schöne Flasche an und lächelt.

„Wer getrunken hat, der muß auch essen!“ sagt der alte Pedro. Er holt aus einer Ledertasche Maisfladen und Gurken und gibt sie Jose.

Jose ißt ganz langsam.

Da wendet Esel Einohr seinen Kopf und schreit begehrlich „I-a! I-a!“ Jose teilt mit dem Esel, was ihm der alte Musikant gegeben hat.

Als Jose und sein Esel gegessen haben, sagt Pedro: „Ich bin Pedro. Und ich wandere über die Berge bis ans Meer. Ich kenne viele Städte und Menschen. Aber ich habe niemanden, der zu mir gehört, der mit mir lacht, wenn ich fröhlich bin, der mit mir weint über mein Unglück!“

Jose sieht den alten Musikanten an. Auch Esel Einohr

bewegt sein einziges Ohr, als hätte er alles verstanden, was Pedro sagt. Pedro schweigt. Nach einer Weile legt er seinen Arm um Joses Schulter und stellt den Jungen auf die Beine.

Jose taumelt ein wenig.

„Aber, aber – mein kleiner Bruder!“ sagt Pedro und lacht. „Wir werden ein Stück miteinander gehen, und du erzählst mir deine Geschichte.“

Jose erzählt Pedro von Puna, von der Mutter und den Schwestern, von der Hütte und den Bergen und von seinem Esel Einohr.

Der alte Pedro hört ihm geduldig zu.

Plötzlich beginnt Jose zu lachen. Er lacht den alten Pedro an. Jose ist froh. Er mag Pedro, seine vielen Falten im Gesicht, seine Gürteltierlaute, die bunte Kürbisflasche und die Ledertasche – den ganzen Pedro.

So kommen sie bis zum Platz der Casa de Moneda.

Pedro setzt sich auf die Stufen eines Brunnens und spielt auf seiner Laute ein altes Lied aus den Bergen.

Die Mädchen, die am Brunnen stehen mit nackten Füßen, beginnen zu tanzen.

Pedro spielt und singt. Immer mehr Menschen kommen. Sie lächeln Pedro zu. Und manche geben ihm ein Stück Brot und andere eine Melone. Jose steckt alles in die Tasche aus buntem Leder.

Mehr und mehr Menschen kommen. Die Menschen klatschen in die Hände und tanzen, daß der Staub der Straße aufwirbelt.

Jose ist glücklich, wie er es seit langer, langer Zeit nicht mehr war. Plötzlich muß er an seine Mutter denken, die ihn vor vielen Jahren auf den Knien hielt und ihm zärtlich ein Lied sang.

Da legt er seinen Arm um Pedro, und der alte Musikant schlägt seinen Poncho schützend um ihn.

Jose ist glücklich.

Am Morgen holt Pedro frische Maisfladen. Sie trinken Wasser aus dem Brunnen.

Der alte Pedro sieht Jose aufmerksam an und sagt: „Das ist also der Staub von den Straßen, die du gewandert bist. Und du bist eine lange Straße gewandert!" Pedro fährt langsam mit dem Finger über Joses Hals.

Jose nickt.

„Und nun wird er abgewaschen – der Staub!" sagt Pedro ernst. Da bekommt Jose einen Schreck. „Das Wasser ist so kalt!" sagt er. Aber Pedro hat einen alten Blechkanister auf seinem Rücken hängen. Er hakt ihn ab und füllt ihn mit Wasser. Langsam beginnt er sich zu waschen.

Jose schaut Pedro zu, aber er taucht nicht eine Fingerspitze in das Wasser.

Als Pedro fertig ist, füllt er den ganzen Kanister mit kaltem Brunnenwasser und stellt ihn vor Joses Füße.

Jose ist sehr verlegen.

Mädchen kommen und schöpfen Wasser aus dem Brunnen. Ihre kleinen Geschwister patschen in den Rinnsalen.

Jose wird immer verlegener. Aber Pedro schaut ihn an – ganz fest.

„Jose, mein Söhnchen, fürchtest du dich vor dem Wasser?" Jose schämt sich, weil die Mädchen dastehen und kichern und weil Pedro nun weiß, daß er sich vor kaltem Wasser fürchtet.

Da nimmt Jose seinen Poncho und legt ihn an den Brunnenrand. Jose spült mit beiden Händen ein wenig von dem Staub der großen langen Straße herunter. Schnell bindet er seinen Poncho wieder um.

Der alte Pedro lacht.

Pedro und Jose und der Esel Einohr gehen zurück in die Stadt. Heute ist für Jose alles schön. Er sieht die geschnitzten Türen und die Balkone mit den geschmiedeten Eisengittern an den hohen Häusern. Er bewundert die Bäume und den grünen Rasen. Und er staunt über die Autos und die vielen Eselgespanne.

Da gehen sie plötzlich durch ein hohes Tor. Und Jose sieht ihn wieder – den Markt von Potosi, den großen, lauten Markt.

Pedro nimmt Jose fest an die Hand. Und Jose hält Esel Einohr fest am Strick. So gehen sie an den vielen Händlerinnen vorbei, die auf dem Pflaster sitzen und laut ihre Waren anbieten.

Der alte Pedro bleibt stehen.

„Josito, mein Söhnchen, gib mir deinen Fuß her!" sagt er.

Jose hebt erstaunt seinen Fuß. Da bückt sich Pedro und streift über Joses Fuß eine Sandale, eine ganz einfache Sandale aus alten Autoreifen.

Für einen Augenblick bleibt Joses Herz stehen vor Freude.

„Oh, Sandalen!" flüstert er. Nur der Senor Aufseher in Puna hatte Sandalen. Jose hatte noch nie Sandalen.

Jose steht stumm da und hat die Sandale am Fuß. Er bewegt die Zehen. Und dann sieht sich Jose um, ob auch die Leute, die vorbeigehen, seine Sandale sehen.

Aber Pedro ist mit der Sandale nicht zufrieden. Er wühlt in dem großen Haufen herum, paßt Jose andere Sandalen an, befühlt die Sohlen und fängt schließlich an, mit der Händlerin um den Preis zu feilschen.

Oh – die dicke Händlerin mit dem roten Rock versteht es, um den Preis der Sandalen zu streiten! Aber Pedro versteht es auch.

Sie streiten und streiten, und ein paar Leute, die gerade vorbeikommen, streiten eine Weile mit. Endlich aber knüpft Pedro eine kleine Falte seines Ponchos auseinander. Dann legt er einige Geldstücke in die Hand der Händlerin. Jose steht daneben und wagt kaum zu atmen.

Jose zieht die Sandalen über seine Füße. Er will vor

Freude tanzen. Aber weil er noch nie Sandalen an den Füßen hatte, stolpert er und stürzt auf das Pflaster des Marktes.

Pedro lacht, und Jose lacht mit.

Da sagt Pedro: „Josito, mein Söhnchen – du mußt es lernen, in Sandalen zu gehen. Wenn wir hinunter zum Meer wollen, muß man Sandalen haben!"

Jose ist glücklich. Er legt seine Hand in Pedros Hand, und schweigend gehen sie über den Markt.

Als sie wieder auf der Straße sind, bleibt Jose stehen. Er bückt sich und zieht seine Sandalen aus. Leise streicht er mit der Hand über die Sohlen und lächelt. Vorsichtig verknotet Jose die Riemen an seinem Gürtel.

Da hängen sie – seine Sandalen! Und jeder kann sie sehen.

Jose geht mit weiten Schritten durch Potosi – so wie es die Herren, die Senores, tun.

Da sagt der alte Pedro: „Jose, mein Söhnchen, du bist ein Indio aus den Bergen. Und du wirst es bleiben, auch wenn du neue Sandalen hast. Dein Herz ist das Herz eines Indios!"

Es wird heiß in den Straßen von Potosi. Es ist Mittagszeit.

Pedro öffnet den großen Ledersack und greift hinein. Aber der Ledersack ist leer, und Pedro hat auch keinen Centavos mehr.

Aber Jose lacht und sagt: „Was macht das schon! Ich habe Sandalen – neue Sandalen!"

Die Stadt Potosi feiert ein Fest.

Auf den Plätzen drängen sich die Menschen. Indios aus den Bergen füllen die Gassen und Straßen. Viele haben Masken aufgesetzt.

Pedro, Jose und der Esel Einohr stehen auf den Stufen einer Gasse, die auf einen steilen Hügel führt.

Plötzlich hebt der alte Pedro seine Laute. Er singt ein altes Lied. Das Lied der Indios aus den Bergen.

Die Menschen kommen näher und hören zu. Und der alte Pedro singt.

Einige Masken beginnen sich im Takt zu wiegen, sie stampfen mit den Füßen und schütteln ihre Köpfe und Hände. Und immer mehr und mehr Menschen singen das alte Lied, das Pedro angestimmt hat.

„Die Sonne reift den Mais –
der Mais ist die Frucht des Brotes –
der Gott der Sonne vertreibt die bösen Geister“

Die Menschen tanzen das Lied. Da geht Pedro langsam die Gasse hinunter. Die Menschen folgen ihm.

Jose sieht die vielen Masken. Gräßliche Tierköpfe mit Hörnern und überlangen Zähnen, Totenköpfe und Hexenmasken tanzen vorbei. Und manchmal tanzen sie hinein in die dichten Reihen der Frauen und Kinder, die am Rande der Gasse stehen.

Die Kinder kreischen und verbergen ihr Gesicht in den Händen. Jose läuft den Masken nach.

Da kommt ein Tänzer mit einem Schlangenkopf heran. Er faßt Joses Poncho und tanzt. Jose muß sich drehen – schneller und schneller.

Jose schließt die Augen. Er hat Angst – Angst vor dem unheimlichen Tanz und den vielen Masken.

„Pedro!“ ruft er erschrocken. „Pedro!“

Pedro winkt ihm zu und lächelt. Ganz dicht drängt sich der Junge an Pedro heran.

Immer neue Lieder spielt und singt er. Und immer mehr Masken kommen aus den Gassen und Straßen. Und immer mehr Musikanten spielen.

Es ist ein Hexentanz. Immer lauter und wilder wird er.

Da beginnt auch Jose mit den Füßen zu stampfen wie die

vielen Masken ringsum. Er hebt die Hände und tanzt. Er dreht sich und springt. Und er stößt schrille Schreie aus, wie er es von den Männern hört.

Jose tanzt, bis sich die Häuser und die Türme und die Bäume von Potosi um ihn drehen.

Jose tanzt.

Plötzlich liegt vor Joses Füßen eine Maske – ein Tänzer hat sie weggeworfen – eine Maske mit weit geöffnetem Rachen und roten, langen Zähnen darin. Grüne Raubtieraugen starren Jose an.

Jose fürchtet sich vor der Maske, aber er hebt sie auf. Und er stülpt sich die gräßliche Maske über sein Gesicht. Jose ist jetzt auch eine der vielen Masken, die durch die Stadt tanzen und singen.

Jose tanzt.

Jose erschreckt die Kinder, die neugierig am Rande der Straßen stehen. Er umtanzt die Frauen. Er kreischt und jubelt und tanzt.

Aus den Fenstern der Häuser werden bunte Papierschnitzel auf die Masken geworfen. Er taumelt unter dem bunten Regen mit den unzähligen Masken straßauf und straßab – weiter, immer weiter.

Da springt Jose im Tanz in die Höhe. Er stolpert auf dem holprigen Pflaster. Seine Maske fällt zu Boden.

Die Kinder und Frauen lachen.

Jose starrt auf seine Maske. Aber die Füße der anderen Tänzer stampfen darüber hinweg, sie zertreten die unheimlichen Augen und die Zähne.

Jose steht am Rande der Gasse. Er erwacht wie aus einem tiefen Traum. Er starrt auf die Häuser ringsum und auf die Menschen.

„Pedro!“ schreit er erschrocken. „Pedro!“

Weiter tanzen die Masken. Die Frauen und Kinder klatschen den Takt mit den Händen. Trommeln dröhnen, und schrille Flöten begleiten den Gesang.

Jose läuft dem Zug der Masken entgegen. Er stößt mit beiden Händen die Menschen zur Seite.

„Pedro!“ ruft er. „Pedro!“

Jedem Musikanten sieht Jose in das Gesicht. Er fragt und ruft, aber er findet den alten Pedro nicht.

Jose drängt sich den Masken entgegen. Die Tänzer werfen ihn um. Er liegt am Boden. Rasende Füße stampfen vorbei.

„Pedro!“ schreit Jose. „Pedro!“

Aber niemand hört ihn. Laut dröhnen die Trommeln, noch lauter kreischen die Tänzer, schrill klingen die Flöten.

Jose steht auf. Er geht zum Rand der Gasse und fragt die Frauen: „Wo ist Pedro, der Musikant?“

Die Frauen lachen. „Du mußt ihn suchen, Söhnchen!“ rufen sie und überschütten Jose mit buntem Papierregen.

Jose sucht weiter.

Es ist dunkel geworden in Potosi.

Feuerwerk steigt auf über den Gassen und Straßen.

Leuchtende Kugeln zischen in die Luft. Wie Schüsse dröhnt es über den Dächern und Türmen der großen Stadt. Strohpuppen stehen auf den Plätzen. Sie werden abgebrannt. Die Menschen tanzen und singen und klatschen in die Hände.

Jose fürchtet sich. Er läuft und läuft.

Jose hält sich die Ohren zu. Will das Fest nicht mehr hören –.

Die Menschen tanzen und singen. Und sie trinken Chichabier. Jose aber sucht den alten Pedro.

„Pedro!“ ruft Jose. „Pedro!“

Aber die Trommeln und die Flöten, die Stimmen der Menschen und die Schüsse der leuchtenden, bunten Kugeln sind stärker als Jose.

Jose bleibt stehen. Er wird plötzlich ganz still. Er drückt sich in eine Mauernische hinein und hockt sich auf den Boden.

Jose faßt seine Sandalen, die am Gürtel hängen.

„Pedro!“ flüstert Jose. „Pedro!“

Jose preßt die Sandalen fest an sich. Noch immer lärmen und tanzen die Menschen durch die Gassen und Straßen – noch immer krachen und pfeifen die bunten, leuchtenden Kugeln. Und laut wirbeln die Trommeln und kreischen die Flöten.

Jose hockt am Boden und weint.

Jose schläft.

In den Straßen und Gassen ist es still geworden nach dem großen Fest. Viele schlafen auf den Treppen und den Plätzen. Auch Jose schläft. Es ist schon heller Morgen.

„He!“ sagt jemand und zieht ihm den Poncho vom Gesicht. „Steh auf! Das ist unser Platz!“

Jose öffnet erschrocken die Augen.

Ein Junge steht vor ihm mit zerlumpten Hosen. An den Füßen trägt er Sandalen.

Verschlafen steht Jose auf. Er reckt sich. Seine Beine sind steif vom Hocken in der kalten Nacht.

„Geh weiter!“ sagt der Junge.

Jose reibt sich die Augen. Die Sonne blendet.

„Wo kommst du her?“ fragt eine heisere Stimme.

Jose sieht sich um. Hinten an der Wand der Nische lehnt noch ein Junge – mager und klein, mit gebeugtem Rücken. Seine Hosen sind noch zerrissener.

„Wo wohnst du?“ fragt der andere.

Jose zuckt mit den Schultern. „Ich habe Pedro verloren und den Esel!“

Da kommt der magere Junge auf Jose zu. „Erzähle“, sagt er.

„Ach, er soll abhauen!“ sagt der Junge mit den zerlumpten Hosen.

Der andere sieht Jose in die ängstlichen Augen.

„Das ist Pepe!“ sagt er und deutet auf den Jungen mit

den zerlumpten Hosen. „Er hat Kraft wie zwei Esel, und klug ist er wie ein Pferd. Und reden kann er wie ein Ziegenbock!“

Pepe dreht sich ärgerlich um. Der andere spricht weiter. „Und ich bin Bocamino.“

Jose sieht nur Bocamino an und erzählt ihm alles – von Puna und der Mutter, von Pedro und dem Esel Einohr, von dem Hunger und seiner Angst in der Stadt Potosi.

Als Jose alles erzählt hat, sagt Bocamino: „Ja, ja, jeder Esel braucht seinen Stall!“

„Aber jetzt soll er abhauen!“ sagt Pepe und zeigt mit der Hand auf die Straße.

Jose geht einen langen zögernden Schritt. Da hält ihn Bocamino fest.

„Pepe, er gehört zu uns!“ sagt er.

Pepe gibt Bocamino einen ärgerlichen Stoß. „Sei still, du lahmer Esel. Wir haben genug von diesen Schwächlingen.“

„Aber er gehört zu uns!“ sagt Bocamino noch einmal und legt seinen Arm um Jose. „Komm, Jose!“

Bocamino geht mit Jose auf die Gasse hinaus. Pepe kommt schimpfend hinterher.

An der nächsten Ecke stehen drei Jungen. Als Pepe kommt, machen sie Platz. Neugierig sehen sie Jose an.

„Wir werden sehen, was mit ihm los ist“, sagt Pepe und deutet mit dem Kopf auf Jose.

Alle gehen zusammen weiter in die Stadt hinein. An einer ganz schmalen Stelle bleiben Pepe und seine Freunde stehen. Sie drängen sich dicht zusammen und flüstern miteinander.

„Der Neue kann kundschaften“, sagt ein Junge, den die anderen Huallka nennen.

Jose erschrickt. Aber Bocamino steht neben ihm.

„Jose, du gehst durch die Straßen. Und du mußt sehen, wo so ein Auto steht. Ein großes Auto – ein Auto der Senores, verstehst du?“

Jose nickt. „Und dann?"

„Dann pfeifst du", sagt Pepe.

„Warum?" will Jose wissen.

„Wir haben keine Zeit", sagt Pepe streng. „Los, du gehst mit, Bocamino!"

Bocamino und Jose gehen durch die Straßen. Herrliche Häuser gibt es hier mit richtigen Fenstern aus hellem Glas und Kirchen und Gärten voll blühender Blumen.

So schön ist die Welt – denkt Jose. Vergißt ganz das Auto, das sie suchen sollen.

Aber Bocamino hat es nicht vergessen. „Dort steht es!" flüstert er Jose zu.

Es ist ein wunderschönes Auto – blau wie der Himmel über Potosi und silberglänzend wie der See in den Bergen bei Puna.

Bocamino zieht Jose ein Stück in eine Nebenstraße zurück. Er legt den Knöchel der Hand an den Mund. Ein lauter Pfiff–. Da kommen die anderen herangelaufen. Sie gehen langsam zu dem silberglänzenden Auto zurück. Sie warten, bis niemand mehr in den Straßen zu sehen ist.

Pepe öffnet blitzschnell den Kofferraum.

Die Jungen stehen wie eine dichte Mauer um Pepe. Und plötzlich rollt Pepe einen Reifen auf die Straße.

Die Jungen beginnen zu laufen. Und mit ihnen rollt der Reifen – schneller und schneller, hinein in die kleinen, engen Gassen, durch Mauerlücken, über winzige, verschmutzte Höfe, vorbei an Ställen –.

Jose ist so erschrocken, daß ihm übel wird. Aber Bocamino hält Jose fest an der Hand und zieht ihn mit, schneller und immer schneller. Jose läuft.

Endlich bleibt Pepe stehen. Sie sind in der Vorstadt von Potosi.

Hier stehen die engsten und kleinsten Hütten der Stadt. Aber noch kleiner ist der Schuppen, der versteckt hinter einer großen Dornenhecke steht. Die Sonne scheint durch das löchrige Dach.

„Nein!" schreit Jose. Er ist noch ganz außer Atem. „Nein!"

Die Jungen lachen. Und Pepe lacht am lautesten. Jose hat Angst vor Pepe, aber er sagt tapfer: „Meine Mutter in Puna kennt viele Sprüche. Und einer heißt: Was mein ist, ist mein – was dein ist, ist dein, und was ihnen gehört, gehört ihnen!"

Da wird Pepe ganz ernst. „Und wer vor Hunger sterben will, der darf vor Hunger sterben!"

Jose wird traurig, denn er kennt den Hunger.

Er hat Bocamino gern, aber er will nichts nehmen, was nicht ihm gehört.

„Ach, so ist das", sagt Bocamino, und er zieht Jose auf den Boden des Schuppens. „Ich war im Berg", und er deutet mit der Hand auf den Berg über Potosi.

„Ich habe dort schon gearbeitet, seitdem ich achtmal den Mais reifen sah. Gearbeitet habe ich wie ein Esel! Schweres Erz habe ich geschleppt aus den Schächten."

Bocamino hustet.

„Das hat mir meine Kraft genommen und die Luft. Und da hat mich der Senor Aufseher davongejagt – einfach davongejagt! Was soll ich nun machen?"

Alle schweigen.

„Aber!" flüstert Jose leise und verlegen. „Was mein ist, ist mein. Und was dein ist, das ist dein!"

„Nun hör schon auf, alter Jammerlappen!" schreit Fernando.

Da kommt Huallka und stellt sich vor Jose.

„Wieviel Beine habe ich?" fragt er und hüpft von einem Bein auf das andere.

„Zwei!" sagt Jose verwundert.

„Und wieviel Beine hat ein Esel?"

„Zwei und noch einmal zwei!" antwortet Jose.

„Jojo!“ lacht Huallka. „Und wenn er fünf Beine hätte?“ Jose lacht. „Ein Esel mit fünf Beinen –, der hinkt!“

„Und wieviel Räder braucht so ein Auto?“ fragt Huallka weiter. Jose überlegt. „So viele Räder, wie ein Esel Beine hat!“

„Ja – siehst du!“ sagt Huallka und lacht. „Und so ein Auto mit einem Rad zuviel ist wie ein hinkender Esel!“ Die Jungen lachen und klatschen in die Hände.

Auch Jose lacht.

„Und wir haben nun das fünfte Bein weggenommen. Nun hinkt es nicht mehr – das Auto des Senors!“ sagt Huallka.

„Aber – was wird aus dem fünften Bein?“ fragt Jose. Da zeigt Pepe an die Wand des Schuppens. Erst jetzt sieht Jose die vielen Sandalen.

„Oh!“ staunt Jose. Und Pepe zeigt ihm stolz die Nadeln und das Garn und die Lederriemen. Jose staunt noch mehr.

Pepe zerschneidet den Reifen mit einem scharfen Messer, Bocamino näht die Riemen zusammen. Und Fernando und Huallka nähen die Riemen an die Sohlen.

Sie sitzen alle und arbeiten.

„Aber was mein ist, ist mein!“ flüstert Jose vor sich hin. Er kann den Spruch der Mutter nicht vergessen.

Bocamino drückt Jose eine Sohle in die Hand. „Du mußt sie sauber reiben!“ sagt er. „Ganz sauber!“

Jose schüttelt den Kopf. Bocamino seufzt.

„Es gibt so viele Indios“, sagt Bocamino, und er hebt beide Hände und streckt Jose alle Finger entgegen.

„Und nur für so viele gibt es Arbeit!“ sagt Bocamino, und er klappt drei Finger herunter. „Es ist unrecht, was wir tun, aber ich muß für so viele Geld verdienen!“ Und Bocamino streckt Jose die Finger einer ganzen Hand entgegen.

Da nimmt Jose die Sohlen und reibt sie ganz sauber.

Pepe singt ein Lied – das Lied von den Sandalenmachern

in einer ärmlichen Hütte von Potosi, die die Sonne lieben und den blauen Himmel.

Alle singen mit.

Jose steht mit Bocamino an der endlosen Straße, die in die Berge der Anden steigt.

Indios kommen vorbei. Mit leeren Tragekörben steigen sie zu den Bergen hinauf, und mit schweren Lasten kommen andere die Berge herunter.

Jose ist stolz. Er darf Sandalen verkaufen. Er ist ein richtiger Sandalenverkäufer.

„Kauft Sandalen!" ruft Jose. „Ein Pferd braucht Eisen, ein Esel braucht Hufe, und ein Indio braucht Sandalen!"

Jose hebt die Sandalen hoch.

„Seht die Sohlen! Sie reichen für alle Berge der Welt!"

Manche Indios bleiben stehen. Bocamino sucht geschickt und schnell Sandalen heraus, die ihnen passen. Prüfend betrachtet einer der Indios die Sandalen. Er befühlt die Riemen und die Sohle.

„Fünfzig Centavos!" sagt Bocamino. Und er streckt dem Indio fünfmal alle Finger seiner Hände entgegen.

Der Indio beginnt auf die Sandalen zu schimpfen. Er findet die Sohlen zu dünn und die Riemen zu schmal.

„Vierzig!" sagt Bocamino. „Aber das ist fast geschenkt!" Der Indio legt die Sandalen wieder auf den Boden.

„Trag sie selber!" sagt er und will gehen.

„Dreißig Centavos!" ruft Bocamino. „Oh, Senor – bessere Sandalen findet ihr nicht mehr!"

Der Indio zahlt 25 Centavos, und alle sind zufrieden. Bis die Sonne hoch am Himmel steht, haben Jose und Bocamino drei Paar Sandalen verkauft.

Da kommt eine alte Indiofrau mit einer leeren Kiepe. Sie geht in die Berge zurück. Hinter ihr läuft ein kleines Mädchen.

Beide sind mager. Auf ihren Röcken sitzt Flicken neben Flicken.

Die alte Frau geht mit nackten Füßen an Jose und Bocamino vorbei. Das Mädchen aber bleibt stehen. Schüchtern schaut sie Bocamino an. Dann hebt sie den Rock ein Stückchen höher und hält Bocamino ihren rechten Fuß hin.

Bocamino lacht. „Oh, Senorita, mein Fräulein – was darf ich dir für Schühchen geben – goldene oder silberne?"

Das Mädchen lacht. Und Jose und Bocamino lachen mit.

Die alte Frau dreht sich um. „Komm!" ruft sie kurz.

Aber das Mädchen bleibt stehen. Es streckt Bocamino die Hand entgegen. Zwei Centavos liegen darin.

„Gib mir diese Sandalen. Die Straße ist so steinig und es ist so weit bis in die Berge."

Die alte Indiofrau dreht sich noch einmal um.

„Komm!" ruft sie streng.

„Wir haben Holz verkauft – Brennholz!" sagt das Mädchen leise. Bocamino sieht Jose an. Er steckt die zwei Centavos ein und dann sucht er für das Mädchen Sandalen heraus – die schönsten, die sie haben.

„Oh!" sagt Jose. „Wir müssen viele Centavos nehmen!"

Aber Bocamino lacht nur. „Bei einem mehr, bei einem weniger", sagt er und lächelt dem Mädchen zu.

Das Mädchen geht weiter. Sie lacht glücklich und läuft mit den Sandalen über die Straße. Dann dreht sie sich noch einmal um und winkt Bocamino und Jose zu.

„Indios sind alle Brüder und Schwestern", sagt Bocamino.

Es ist Mittag. Still und verlassen ist die große Straße. Jose und Bocamino hängen alle Sandalen auf eine große Stange und tragen sie in die Stadt zurück.

Bocamino gibt alle Centavos Pepe. Und Pepe zählt sie.

„Ein gutes Geschäft!"

Der Nachmittag vergeht. Wieder arbeiten die Jungen in dem Schuppen, und neue Sandalen hängen an den Wänden.

Und wieder singen sie das Lied von den Sandalenmachern in Potosi.

So wird es Abend.

Da kommt ein Mädchen in den Schuppen. Sie trägt zwei Blechkanister. Das Mädchen geht zu Bocamino und sagt: „Du sollst Wasser holen, Brüderchen!“

Bocamino ist ein wenig ärgerlich. Es liegen noch so viele Riemen neben ihm, die noch zusammengenäht werden sollen.

„Ich gehe mit“, sagt Jose schnell.

„Paß gut auf ihn auf. Er hat sich schon einmal verlaufen!“ sagt Bocamino.

Jose geht mit dem Mädchen durch viele Gassen, über Plätze und Straßen. Endlich liegt der Brunnen vor ihnen. Jose sieht ihn erschrocken an.

„Das ist er!“ flüstert Jose. „Das ist er. Und ich habe ihn so gesucht!“

Das Mädchen bleibt stehen. „Wer ist es, und wen hast du gesucht?“

„Das ist der Brunnen!“ sagt Jose. „Hier habe ich mit Pedro gesessen.“

Am Brunnen stehen viele Mädchen und Frauen.

Auch junge Burschen sind da.

Jose ist sehr aufgeregt. Er geht zu den Frauen und Mädchen und fragt nach Pedro und dem Esel Einohr.

„Oh!“ sagt einer der Burschen. „Ich kenne den Musikanten. Er ist heute fortgewandert – zu einer Hochzeit nach Bartolo. Einen Esel hatte er auch – einen Esel mit nur einem Ohr!“

Eine Frau mit einem großen Tonkrug kommt heran.

„Pedro hat hier gewartet – zwei Tage hat er gewartet. Und nicht ein Lied hat er für uns gesungen, nicht ein einziges.“

„Er hat auf mich gewartet“, sagt Jose leise und wird traurig.

Die Traurigkeit wächst, und als Jose wieder neben Bocamino im Schuppen sitzt, weint er.

„Ich kann nicht bei euch bleiben", flüstert Jose.

Die Jungen schweigen und arbeiten weiter. „Erzähle, Jose!" sagt Bocamino. Und Jose erzählt von dem Brunnen und von Pedro.

Eine Weile schweigt Bocamino. Dann sagt er: „Jeder Hund braucht ein Dach. Und du brauchst den alten Pedro und deinen Esel!"

„Dich hab ich aber auch gern!" sagt Jose ein wenig verlegen und ganz leise zu Bocamino. Da lächelt Bocamino, und er sagt: „Und doch geht deine Straße zu Pedro!"

Jose nickt.

Als der nächste Morgen kommt, gehen die Jungen aus dem Sandalenschuppen mit Jose zum Pedrobrunnen und noch ein Stück auf der großen Straße, die nach Bartolo führt.

Pepe bleibt stehen. Er greift in seine Hosentasche und gibt Jose einige Centavos. Bocamino reicht Jose Maisfladen. Jose nimmt die Maisfladen und wickelt sie in sein Tuch. Er sieht sie alle noch einmal an – Bocamino mit dem gekrümmten Rücken und Pepe mit den zerlumpten Hosen, den lustigen Huallka und den stillen Fernando und die anderen aus dem Sandalenschuppen.

Dann geht Jose wieder auf der großen Straße vorwärts – schnell und ohne sich noch einmal umzuschauen. Die Jungen singen das Lied von den Sandalenmachern aus dem alten Schuppen in Potosi. Jose hört es. Es ist ihm weh im Herz. Aber er sieht sich nicht mehr um. Er sucht Pedro und den Esel.

Jose singt ein trauriges Lied. Er denkt dabei an Bocamino, an Pepe und die anderen Jungen aus dem Sandalenschuppen. Aber er denkt auch an Pedro und an Esel Einohr.

Jose fühlt sich wieder allein zwischen den hohen Bergen.

Da kommt von hinten ein Wagen auf der Straße herangerattert. Er fährt an Jose vorbei. Jose bleibt verwundert stehen.

Es ist ein ganz kleiner Wagen mit einem schneeweißen Pony. Das Pony hat rotes Lederzeug und der Wagen hat rote Ledersitze. In dem Wagen sitzt ein Mädchen. Sie hat ein weißes Kleid an. Sie trägt weiße Handschuhe und einen weißen Hut.

Und rote Stiefel hat sie – so rot wie die Sitze in dem kleinen Wagen.

Jose starrt dem Wagen nach. Aber die Straße macht viele Biegungen, und plötzlich ist der Wagen verschwunden. Jose muß immer wieder an die roten Stiefel denken. Er sieht auf seine Sandalen. Sie sind grau und voller Staub.

Jose singt kein Lied mehr. Er geht und denkt an den Wagen und an die roten Stiefel und an das kleine Mädchen.

Die Straße weicht einem Felsen aus.

Da steht der kleine Wagen mit den roten Sitzen plötzlich vor ihm und das Mädchen steht mitten auf der staubigen Straße.

Ein Rad des Wagens liegt auf der Straße. Das Mädchen steht daneben und ist wütend. Es schimpft auf das Pony und auf viele Leute, die Jose nicht kennt.

Als Jose herankommt, schimpft das Mädchen auch auf Jose.

„Schau nicht so dumm!“ sagt sie. „Hilf mir lieber! Das Rad ist ab!“ Jose weiß nicht, wie man ein Rad an einem Wagen festmacht. Aber er bückt sich und hebt das Rad hoch.

Nachdenklich wendet Jose das Rad hin und her.

„Beeile dich!“ sagt das Mädchen ungeduldig. „Ich muß wieder zurück.“

Jose rollt das Rad an den Wagen heran.

Er nimmt einen Stein von der Straße und schlägt damit

auf die Mitte des Rades, bis es wieder fest auf der Achse sitzt.

„Komm mit!“ sagt das Mädchen. „Du kannst mein Pferd füttern.“ Jose steht und starrt auf die roten Stiefel. Dann schüttelt er den Kopf. „Ich suche Pedro und den Esel!“

„Du sollst aber mitkommen!“ sagt das Mädchen ungeduldig. „Ich will nicht allein zurückfahren.“

„Ich gehe nach Bartolo“, sagt Jose. Und er macht ein paar Schritte auf der großen Straße vorwärts.

„Ich brauche dich aber!“ ruft das Mädchen. „Vielleicht geht das Rad wieder ab.“

Jose dreht sich nicht um. Er will weiter gehen. Aber das Mädchen läuft Jose nach und hält ihn am Poncho fest.

„Ich will, daß du mitkommst!“ sagt es heftig.

„Ich gehe zu Pedro. Pedro ist in Bartolo“, sagt Jose leise.

Das Mädchen überlegt. Und plötzlich sagt sie schnell: „Es gibt viele Bartolos – in den Bergen und im Tal!“

„Es gibt viele?“ fragt Jose erschrocken.

„Ja!“ sagt das Mädchen ein wenig verlegen. Es sieht Jose von der Seite an.

Jose merkt nicht, daß sie lügt.

„Viele Bartolos – in den Bergen und im Tal!“ flüstert er. „Wie soll ich dann Pedro finden?“

Da sagt das Mädchen: „Komm mit, wir werden meinen Vater fragen. Der weiß alles!“

„Weiß er auch, wo das richtige Bartolo liegt?“ fragt Jose zweifelnd.

„Natürlich weiß er das“, antwortet das Mädchen, „er ist mächtig, er ist der Herr vom Zinnberg.“

Sie schiebt Jose in den kleinen Wagen hinein.

Jose fährt wieder zurück nach Potosi.

Jose steht vor einem großen, weißen Haus.

Das weiße Haus hat viele Fenster aus Glas. Um das Haus herum ist ein Garten. Im Garten steht ein Springbrunnen.

Schön ist das – denkt Jose. Er ist ganz still und möchte nur schauen.

„Du mußt mein Pony füttern!“ sagte das Mädchen und stößt Jose in die Seite.

Jose nimmt dem Pony das rote Geschirr ab. Er geht mit dem Pony über Wege mit kleinen, gelben Steinen in ein schmales Haus, das nur für das Pony gebaut ist.

Zwei andere Indios in weißen Anzügen schieben den Wagen hinter das Haus.

Da kommt ein Mann in den Hof. Er lacht. Er trägt viele blitzende Ringe an den Händen.

Der Mann sieht Jose, und er fragt das Mädchen: „Wo kommt der Indio her?“

„Oh, Vati! Ich brauche ihn!“ sagt das Mädchen. „Es war ein Rad vom Wagen abgegangen. Er hat es gemacht.“

„Dann gib ihm zwei Centavos und sage, er soll gehen!“

„Nein!“ Das Mädchen stampft mit dem Fuß auf den Boden. „Er soll das Pferd füttern und den Wagen putzen. Er soll mein Diener sein!“

Da lacht der Mann. „Aber, wir haben doch genug Diener.“ „Ich will aber einen kleinen Diener haben!“ antwortet das Mädchen heftig. „Meine Freundin hat auch einen kleinen Diener!“

Der Mann lacht noch lauter. Er streicht dem Mädchen über das Haar und geht wieder in das Haus.

So wird Jose ein kleiner Diener in dem großen, weißen Haus mit dem Springbrunnen.

Er bekommt einen weißen Anzug und weiche Ledersandalen. Er hat immer etwas zu essen, und er schläft nicht mehr auf der Straße. Jose darf hinter dem Mädchen durch alle Räume des großen Hauses gehen.

Und Jose vergißt, nach dem richtigen Bartolo zu fragen.

An einem Morgen sitzt Jose in der Küche und putzt die roten Stiefel des Mädchens. Am Herd hantiert die dicke

Juanita. Auch sie ist hoch in den Bergen der Anden geboren.

Im Haus ist noch alles ruhig.

Da klopft es an die Küchentür.

Juanita hört es. Ganz leise öffnet sie die Tür. Drei Jungen stehen vor der Tür.

Als Jose die Jungen sieht, muß er an den Sandalenschuppen denken – an Bocamino und an Pepe. Die Jungen sehen sich in der Küche um. Aber nur Juanita steht am Herd, und Jose putzt die Stiefel.

Da sagt einer der Jungen: „Wie ist es mit einer Suppe, Senorita Köchin?“ Und er streckt Juanita eine Schale entgegen.

Juanita lacht. Sie nimmt die Schale und füllt Essen hinein. Einer der Jungen schielt zu Jose hinüber. „Oh, wenn der Senor dort nichts dagegen hat, würden wir auch etwas Brot nehmen!“ Und er sieht Jose spöttisch an. Jose schämt sich plötzlich.

Juanita gibt den Jungen einige Rinden und Brotkanten.

Da geht der Herr über den Hof. Er sieht die Jungen in der Küchentür.

„Hier wird nicht gebettelt!“ sagt er laut. „Fort mit euch, sonst rufe ich die Polizei!“

Die drei Jungen beginnen zu laufen. Die Suppe schwappt über den Schalenrand.

Der Herr kommt in die Küche. Er sieht Juanita böse an. „Ich will diese zerlumpten Faulpelze nicht mehr in meinem Haus sehen!“

Juanita steht da und blickt auf ihre Füße.

„Oh, sie sind nicht faul, Senor. Sie haben nur keine Arbeit!“ sagt Jose, und nachdenklich reibt er mit der Bürste über die weichen, roten Stiefel.

„Es sind Tagediebe, die nicht arbeiten wollen!“ sagt der Herr streng.

Der kleine Jose muß an Bocamino denken.

„Oh, Senor! Es gibt so viele Indios!“ Jose streckt dem Herrn alle Finger seiner Hände entgegen. „Aber nur so viele finden Arbeit!“ Und Jose klappt drei Finger wie Bocamino herunter.

„Aber alle wollen essen!“ flüstert Jose.

Eine Weile ist es ganz still in der Küche. –

Juanita ist scheu in eine Ecke der Küche gegangen. Sie steht da und schaut auf ihre Füße.

Da denkt Jose an Pepe, und er sagt laut: „Und manche haben zu viel zu essen und zu viele Kleider und auch zu viele Autoreifen!“ Der Herr schweigt noch immer, aber er schnaubt wütend und geht aus der Küche.

„Man darf dem Senor nicht widersprechen!“ flüstert Juanita ängstlich.

Da kommt der Herr zurück. Er trägt Joses Poncho in der Hand. Er schleudert Jose den löchrigen, zerfetzten Poncho in das Gesicht.

„Geh!“ sagt der Herr heiser. „Geh sofort!“ Er dreht sich um und geht auf den Hof. Ein Motor brummt auf. Ein Auto fährt davon.

Jose legt langsam die roten Stiefel auf den Boden. Er zieht den hellen Anzug aus und die weichen Sandalen. Er bindet sich seinen alten Poncho um die Schultern. An dem alten Poncho hängen die alten Sandalen, die Pedro für Jose gekauft hat.

Da kommt Fernando, einer der Diener.

„Hat der Herr dir Lohn gegeben?“ fragt er.

Jose schüttelt den Kopf. „Er muß dir drei Bolivianos geben für deine Zeit!“ sagt Fernando.

Fernando wird fortgerufen. Juanita steht schweigend am Herd.

Jose geht zu Juanita. „Wieviel Brote sind drei Bolivianos?“

Juanita geht zum Brotschrank. Sie zeigt auf einige Brote. „Nun geh aber!“ sagt sie und streicht Jose über die

Haare. Sie reicht ihm ein Brot. Jose legt das Brot in den Schrank zurück. Er geht über die Wege mit den gelben, kleinen Steinen bis auf die Straße.

Jose geht bis zu einer Gasse, wo die Kinder mit hungrigen Augen an der Ecke stehen.

„Kommt!" sagt Jose. „Ich habe Brot!"

Einige der Jungen lachen Jose aus. „Dein Poncho hat mehr Löcher, als Sterne in der Nacht am Himmel stehen!" sagt einer der Jungen. Er hebt Joses Poncho hoch und läßt die Sonne durch die Löcher scheinen.

Aber einige der Kinder folgen Jose – Mädchen und Jungen. Jose läuft mit ihnen zum Haus zurück. Er führt sie bis zur Küchentür.

„Wartet hier!" sagt Jose und geht in die Küche hinein.

Juanita ist erschrocken. Jose öffnet den Brotschrank und nimmt die Brote heraus, die ihm Juanita vorhin gezeigt hat. Er verteilt sie an die Kinder vor der Küchentür.

Verwundert nehmen die Kinder das Brot. Ein Mädchen lacht plötzlich leise und streicht über das Brot. Und da lachen sie alle.

Auch Jose wird fröhlich. Selbst die dicke Juanita lacht. Ein Junge pfeift ein Lied, und die Mädchen summen mit.

Neugierig kommt Joses kleine Herrin in die Küche. Sie sieht Jose in seinem alten, löchrigen Poncho. Sie sieht die vielen Kinder mit den Broten.

„Der Senor hat mich fortgejagt!" lächelt Jose. „Und das ist mein Lohn", und er zeigt auf die Brote ringsum.

Das Mädchen wird wütend, weil Jose lächelt, wenn er fortgeht – wütend, weil Jose fortgeht, und wütend, weil die vielen Kinder an der Küchentür fröhlich sind. Sie schlägt Jose ins Gesicht.

„Du Dieb!" ruft sie wütend.

„Es ist mein Lohn!" schreit Jose, und will auf das Mädchen losgehen.

Fernando kommt in die Küche. Er drängt das Mädchen hinaus und schließt die Tür. „Es ist dein Lohn!“ sagt Fernando ruhig zu Jose.

Er lehnt sich gegen die Tür.

„Viel Glück auf allen Straßen!“ sagt er.

Jose reicht Fernando die Hand.

Die Kinder nehmen Jose in die Mitte. Sie gehen hinaus auf die Straße.

„Du Dieb!“ ruft das Mädchen. Es steht vor der Tür des großen Hauses mit dem springenden Wasser.

„Ich hole die Polizei!“

Jose hört es nicht mehr. Er geht mit den Kindern und den Broten auf der Straße fort.

Der Junge pfeift sein Lied – wieder und wieder. Die Mädchen summen mit. Und Jose ist mitten unter ihnen.

Jose geht wieder auf der großen Straße. Er wandert nach Bartolo hinter dem Zinnberg. Er geht zu Pedro.

Die Dächer und Türme von Potosi verschwinden. Jose weiß jetzt, daß ihn das Mädchen belogen hat. Es gibt nur ein Bartolo – das Bartolo hinter dem Zinnberg.

Als die Sonne hoch im Mittag steht, sieht Jose das Dorf Bartolo. Er fragt nach Pedro.

Alle Leute in Bartolo kennen den alten Pedro. Sie lachen und erzählen von Pedros Liedern und Geschichten und von der großen Hochzeit. Und sie erzählen, wie lange Pedro in ihrem Dorf geblieben war.

„Wo ist er?“ fragt Jose noch einmal.

„Er ist fortgegangen zum Meer“, sagen die Leute von Bartolo. „Er hat lange gewartet auf einen, der nicht kam. Dann ist er auf der großen Straße zum Meer fortgegangen mit einem Esel, der nur ein einziges Ohr hat!“ Und sie lachen über den Esel.

Jose ist müde.

Aber er läuft auf der endlosen Straße, die zum Meer

führt. Die Straße klettert die Berge empor und fällt wieder in das Tal.

Da sieht Jose im Tal einen Menschen mit einem Esel. Beide stehen am Straßenrand.

Joses Herz schlägt vor Freude. Er pfeift auf den Knöcheln seiner Hand.

„Pedro!“ schreit Jose. Sein Ruf fällt in das Tal hinunter. Jose läuft die Straße hinab.

Er spürt nicht die spitzen Steine der großen Straße, er spürt nicht die Glut der Sonne hoch über den Bergen. Jose sieht nur den alten Pedro und seinen Esel Einohr.

Jose läuft, bis er vor dem alten Pedro steht.

„I-a!“ schreit der Esel. Er springt hoch und reibt seinen großen, zottigen Kopf an Joses Wangen. Es schmerzt ihn, weil der Esel so ein borstiges Fell hat. Aber er hält ganz still und lächelt.

„Pedro!“ sagt Jose noch einmal. Und dann beginnt er zu wanken, weil er so schnell gelaufen ist.

Pedro fängt Jose auf. Er hält ihn fest in seinen Armen.

„Jose, mein Söhnchen, du hast dich verspätet!“ Und der alte Pedro lacht, daß alle seine Falten im Gesicht zittern.

„Setz dich zu mir!“ sagt Pedro. Er öffnet seinen Lederbeutel und breitet vor Jose Maisfladen und weißes Brot, süßes Gebäck und Hammelbraten aus. Und Jose ißt und ißt – und erzählt und erzählt.

Pedro hört schweigend zu. Dann legt er wieder den Arm um Jose, und beide lehnen sich gegen den sonnenwarmen Fels. Jose schläft ein. Pedro deckt ihn mit seinem großen Poncho zu.

Ein neuer Morgen steigt aus den hohen Bergen der Anden empor. Noch hält die Kälte der Nacht die Straße und die Felsen gefangen.

„Wach auf, kleiner Jose, mein Söhnchen. Ein Indio darf den Tag nicht verschlafen, wenn er das Glück finden will!“

Jose springt auf und reibt sich die Augen. Und der Esel Einohr schreit in den frischen Morgen hinein „I-a! I-a!“

Und sie wandern weiter auf der großen Straße dem Meer entgegen – der alte Pedro, Jose und der Esel mit dem einen Ohr.

Materialien

1. Kinder in Südamerika

Ursula Wölfel: Die grauen und die grünen Felder

Sie wohnen weit weg von hier, die eine Juanita und die andere Juanita. In Südamerika wohnen sie, und ein großes Meer liegt zwischen hier und dort.

Zuerst wohnte die eine Juanita im Dorf am Berg. Ihre Eltern hatten dort ein kleines Haus, das war grau wie die Steine vom Berg.

Sie hatten auch zwei Felder, die waren ebenso grau von Staub und Steinen. Alle Felder dort oben sahen so aus. Die Erde war so trocken, daß kaum etwas wachsen konnte, nur ein bißchen Weizen und ein paar kleine Kartoffeln, gerade genug für die Familie: Für den Vater Pedro und die Mutter Ines, für die Großmutter Maria und für die Kinder Juanita und Rosita. Gerade genug wuchs dort, aber manchmal auch zu wenig. Dann kochten sie die Bananensuppe ohne Mehl, einfach nur mit Wasser. Für eine Stunde wurde man satt davon.

Die andere Juanita wohnte unten im Tal in dem schönen Haus hinter der weißen Mauer. Ihre Eltern hießen „der Herr“ und „die Dame“, und ihr Bruder Alonso hieß „der junge Herr“. Ihnen gehörten die grünen Felder im Tal, die Zuckerrohrfelder und der Bananenwald. Auch die vielen Lastwagen und die Zuckerfabrik gehörten ihnen. Im Tal gab es genug Wasser, da waren die Felder fruchtbar und saftig grün. Alle grünen Felder gehörten diesen Leuten aus dem Haus hinter der Mauer.

Vielleicht gehörten ihnen auch die Leute im Dorf? Der einen Juanita kam es so vor. Denn die Eltern und alle

Dorfleute arbeiteten den ganzen Tag im Tal auf den grünen Feldern oder in der Zuckerfabrik. Was da oben auf ihren grauen Feldern wuchs, machte keinen satt. Sie brauchten auch Geld für Kleider und Schuhe, für Hüte gegen die Sonne und für Petroleum oder Kerzen, damit sie abends nicht im Dunkeln sitzen mußten.

Die eine und die andere Juanita trafen sich dreimal.

Einmal kletterte die eine Juanita mit Rosita auf die weiße Mauer, und sie sahen das schöne Haus dahinter und den Garten mit den Blumenbeeten, den Tennisplatz und den Reitplatz, das Schwimmbad mit dem blauen Wasser und am Haus die Terrasse unter einem gläsernen Dach.

Die andere Juanita saß auf einer Schaukel, sie las in einem Buch.

Die Juanita auf der Mauer flüsterte: „Wie schön ist das Mädchen! Was für ein feines Kleid! Und sie kann lesen! Und sie heißt Juanita, wie ich."

Rosita nickte nur. Ihr Mund stand offen vor Staunen. Da rief die andere Juanita: „Weg da! Runter von der Mauer!" Die Kinder erschraken. Sie rutschten von der Mauer und rannten nach Hause.

Ein anderes Mal ritt die Juanita aus dem Tal mit ihrem Bruder auf den Berg. Sie hatte rote Reithosen an und eine weiße Bluse.

Die eine Juanita spielte mit Rosita am Weg. Sie bauten aus Zweigen und Pappe ein kleines Haus für ihre Puppen.

Die andere Juanita sagte zu ihrem Bruder: „Hübsche Mädchen, aber so schmutzig!"

Sie sagte das so laut, daß die Mädchen es hören konnten. Dann ritten die beiden weiter, und die eine Juanita schämte sich.

Großmutter Maria hatte ihre Kleider gewaschen, es war nur keine Farbe mehr in dem Stoff, die Sonne hatte alle Farben ausgebleicht, darum sahen die Kleider grau aus. Rosita schämte sich nicht. Sie war noch zu klein.

Bald danach bekam die eine Juanita einen kleinen Bruder. Er wurde Pedro getauft, wie der Vater.

Sie feierten am Sonntag ein Fest, alle Dorfleute kamen dazu, sie sangen und tanzten und redeten und tranken. Vater Pedro sagte zu den Männern:

„Ich habe von einem anderen Dorf gehört, dort haben sich alle zusammengetan und Wasserleitungen gebaut. Ihre Felder sind fruchtbar geworden. Jetzt verkaufen sie Tabak. Sogar einen eigenen Lastwagen haben sie. Alle lernen lesen dort, die Erwachsenen und die Kinder. Sie brauchen nicht mehr für die Leute im Tal zu arbeiten, sie arbeiten für sich selbst."

Darüber redeten die Männer die ganze Nacht, und die Frauen und Kinder hörten zu.

Juanita konnte nicht einschlafen, als die Großmutter sie ins Haus geschickt hatte. Sie mußte über das alles nachdenken.

Als die Sonne aufging, redeten die Männer noch immer. Sie sagten: „Von heute an gehen wir nicht mehr ins Tal! Wir bauen Wassergräben und eine richtige Straße. Wir arbeiten nur noch für uns selbst!"

Aber dann ritt der Verwalter aus dem Tal herauf, und als die Leute ihn von weitem sahen, nahmen sie schon ihre Hüte und rannten ihm entgegen.

Vater Pedro rannte auch. Juanita sah es. Wie ein Esel rannte er, und die Mutter lief ihm nach. Da spuckte Juanita aus dem Fenster hinter ihnen her.

Zwei Stunden später kamen die Eltern wieder zurück. Mutter Ines weinte, und Vater Pedro fluchte.

Er sagte: „Irgendein stinkender Lump hat uns verraten. Es ist verboten, so zu reden wie heute nacht. Die armen Leute sollen arm und dumm bleiben, damit sie gern für die paar Pfennige im Tal arbeiten. Wir sind entlassen, für immer. Was sollen wir tun? Die Steine hier oben fressen? Wir gehen in die Hauptstadt. Ich werde dort schon Arbeit finden."

Großmutter Maria sagte nichts dazu. Sie nickte nur. Rosita tanzte vor Freude und rannte gleich ins Dorf und erzählte den anderen Kindern, daß sie jetzt ein Stadtmädchen werden sollte. Sie dachte nur an die schönen Läden in der Stadt und an den bunten Betrieb in den Straßen.

Juanita weinte. Sie wollte hierbleiben, sie wollte nicht in die fremde große Stadt.

Mutter Ines schnürte das Bettzeug zusammen. Sie knotete die Töpfe und Schüsseln in ein Tuch und die Kleider in ein anderes Tuch, und Großmutter Maria nahm das hölzerne Kreuz von der Wand und die Hochzeitsbilder von den Eltern und den Großeltern.

Am Abend gingen sie fort. Sie gingen zur Bushaltestelle im Tal.

Großmutter Maria trug den kleinen Pedro und das Kreuz. Vater Pedro hatte das Bündel mit dem Bettzeug und Mutter Ines das Bündel mit dem Geschirr. Rosita trug die Puppen und die Hochzeitsbilder und Juanita das Bündel mit den Kleidern.

Zuerst war Juanitas Bündel leicht, dann wurde es immer schwerer.

Denn Juanita sammelte Steine vom Weg, viele graue Steine tat sie in das Bündel. Die anderen sahen das nicht, Juanita ging weit hinter ihnen, und es war auch schon dunkel.

Als sie an der weißen Mauer entlangging, warf Juanita die Steine hinüber: drei auf den Tennisplatz, fünf in das blaue Schwimmbad, die drei dicksten auf den Reitplatz und alle anderen auf die Wege.

Sie lachte dabei, sie dachte: Hoffentlich habe ich alles gut getroffen! Die andere Juanita soll über diese Steine stolpern, sie sollen ihr im Schwimmbad die Füße aufreißen, sie sollen ihr Pferd stürzen lassen, Blut soll auf ihre schöne weiße Bluse tropfen!

Dann wohnten sie auf einem anderen grauen Berg am Rand der großen Stadt.

Sie hatten eine Hütte aus Blech und Brettern. Tausend solche Hütten gab es dort, und mit den Menschen wohnten Ratten in den Hütten, und stinkendes Wasser stand auf den Wegen.

Die Stadt mit den schönen Läden und bunten Straßen, die Stadt mit den Gärten und schattigen Bäumen, die Stadt mit den fröhlichen Leuten war unten im Tal. Sie sahen am Abend die Lichter, und manchmal hörten sie die Musik aus den Cafés.

Vater Pedro fand keine Arbeit in der Stadt, nur die Mutter arbeitete in einer großen Wäscherei. Sie waren jetzt noch ärmer als vorher.

Großmutter Maria meinte, Juanita sollte in die Schule gehen. Aber Juanita wollte nicht. Sie war jetzt immer matt und traurig und hatte Heimweh nach dem Dorf.

Jeden Tag lief sie zur Stadt hinunter. Sie bettelte.

Unten in der Stadt traf sie die andere Juanita dann zum dritten Mal. Sie erkannte sie sofort, aber die andere Juanita erkannte sie nicht.

Sie saß mit ihrem Bruder in einem offenen Auto, das stand auf einem Parkplatz.

Die eine Juanita kam ganz nah heran. Sie sah der anderen ins Gesicht. Aber da war keine Schramme, keine Narbe. Es hatte nichts genützt, das mit den Steinen. Die andere Juanita sagte zu ihrem Bruder: „Da ist ein Bettelmädchen. Gib ihm etwas, damit es weggeht."

Der junge Herr Alonso nahm ein Geldstück aus der Jackentasche und warf es der einen Juanita zu. Es fiel auf das Pflaster und rollte fort.

Gleich waren vier, fünf Jungen da, die griffen danach. Und die eine Juanita balgte sich mit den Jungen, und die andere Juanita saß im Auto und sah zu und lachte.

Aber jetzt war die eine Juanita nicht mehr müde, und der

Zorn machte sie stark. Sie packte das Geldstück, sie jagte die Jungen weg.

Dann lief sie zum Auto. Sie schrie: „Lach nur! Lach nur!“ Und sie warf der anderen Juanita, der feinen, schönen, stolzen Juanita das harte Geldstück mitten ins Gesicht.

Das gab nur einen kleinen Kratzer über der Nase. Aber sie weinte, die andere Juanita!

Die eine lief weg, und niemand holte sie ein.

Am Abend sagte sie zur Großmutter Maria: „Vielleicht gehe ich doch in die Schule.“

2. Bolivien – Land und Leute

Gunhild Niggestich: Bolivien – ein Land im Herzen Südamerikas

Bolivien liegt im Herzen Südamerikas. Es ist viermal so groß wie die Bundesrepublik, hat aber nur 5,5 Millionen Einwohner, etwa so viel wie die Städte West-Berlin, Hamburg und München zusammen. Auf einer Landkarte sieht das Land aus wie ein aufgespanntes Kuhfell, dessen Beine abgeschnitten sind. Die linke Hälfte Boliviens ist dunkelbraun; das sind die Berge der Anden, die bis zu 6500 m hoch sind. Die rechte Hälfte ist erst hellbraun, dann wird sie grün, dort wo die kahlen, braunen und ockergelben Berge steil abfallen, und der tropische Regenwald beginnt. Viele große, reißende Flüsse fließen durch diesen Urwald, in dem es Ozelote, Jaguare, Schlangen, Krokodile und Millionen von Stechmücken gibt. All diese Flüsse münden irgendwann in den Amazonas. [...]

Wir wollen auf den dunkelbraunen Rücken Boliviens, auf eine Höhe von 4000 m, wo die Luft so dünn und klar ist, daß man oft 100–150 km weit sehen kann, wo die Sonne steil von oben scheint, daß man in kurzer Zeit einen Sonnenbrand im Gesicht bekommt, wenn man keinen Hut trägt. Dort leben die Hochlandindios, die Quechua und Aymara sprechen. Sie haben ein hartes Leben, weil es nur selten regnet und weil kaum etwas wächst. Die Straßen bestehen nur aus Schotterpisten und Feldwegen, die der nächste Regen wieder unpassierbar macht. [. . .]

Bolivien ist nicht nur geographisch zweigeteilt: In Bolivien gibt es die weißen Senores, die spanisch sprechen, und es gibt die braunhäutigen Indios, die ihre eigenen Sprachen sprechen, die der Weiße nicht versteht.

In Bolivien gibt es einige, die reich sind, die Geld verdienen, ohne daß sie arbeiten, und es gibt viele, die arm sind und Hunger haben, obwohl sie schwer arbeiten. [. . .] Es sind vor allem die Bauern *(Indios)* auf dem Land, die arm sind. [. . .]

Erst im Jahre 1952 erhielten auch die Indios ihre Bürgerrechte. Die Indios, das sind mehr als die Hälfte aller

Bolivianer. Sie haben nun zwar auf dem Papier die gleichen Rechte wie die weißen Bürger Boliviens, aber noch immer gehören den meisten Indios nicht die Felder, auf denen sie arbeiten, obwohl sie ihnen die bolivianische Regierung seit langem versprochen hat. Noch immer erhalten sie als Tagelöhner der Großgrundbesitzer für ihre schwere Arbeit, die mit dem Sonnenaufgang beginnt und mit dem Sonnenuntergang endet, kaum mehr als sie zum Überleben brauchen. [. . .]

Viele von ihnen verlassen ihr karges Land und suchen ihr Glück in den Städten. Sie wollen Arbeit finden, sie müssen Arbeit finden, sonst verhungern sie.

Sie hausen am Rand der Städte in dicht aneinander stehenden Buden, mit Wänden aus verrosteten Reklametafeln und alten Brettern, ohne elektrisches Licht, ohne Wasser. An den wenigen gemeinsamen Wasserstellen knien die Frauen und waschen. Diese elenden Behausungen entstehen dort, wo niemand freiwillig leben würde: an Müllkippen, unterhalb stark befahrener Straßen, an Bahndämmen, an Schrottplätzen. Ihre Hütten stehen an den Berghängen, wo man richtige Häuser nur schwer bauen kann. Kommt ein starkes Unwetter, dann schwemmt es oft Hunderte dieser Kartenhäuser ins Tal.

Tag für Tag sehen sie den Reichtum der anderen aus der Ferne. Hier am Rand der Stadt leben sie von den Abfällen der Reichen. Das ist immer noch mehr als sie auf dem Lande finden. [. . .]

Rund ein Drittel der gesamten Stadtbevölkerung Lateinamerikas lebt in solchen Elendsvierteln und es werden täglich mehr.

In Lateinamerika stirbt in jeder Minute ein Kind, weil es nichts zu essen hat. Heute sind 50% aller Menschen in Lateinamerika jünger als 15 Jahre. [. . .]

Reichtum, der Armut bringt: Die Spanier vernichten ein Land

[. . .] 1536 eroberten die Spanier das heutige Bolivien von Peru aus; ihre Suche galt dem sagenhaften Eldorado, dem Reich des Goldkönigs. 1545 entdeckten die Spanier Potosi, den Hügel, aus dem Silber floß; dies war der Reichtum, der die Armut Boliviens einleiten sollte. Schon vorher hatten die Inkas diesen Berg mit seinen Schätzen entdeckt, die sie jedoch nicht zum Handel, sondern zur Verehrung der Sonne zu Kultgegenständen verarbeiteten. Die Spanier entrissen den Inkas nicht nur diese Kunstschätze, sondern sie suchten weiter nach Bodenschätzen. [. . .]

[. . .] Die Vertreibung der Indianer aus ihren Dörfern und von ihren Feldern hatte noch eine andere, schwerwiegendere Folge: es werden keine Nahrungsmittel im Lande erzeugt. Die ganz auf die Ausbeutung der Bodenschätze gerichtete Kolonialgesellschaft bezog ihre Nahrungsmittel vor allem aus den Gebieten des heutigen Chile, die Konsum- und Luxusgüter aus Europa. Die wirksamen und gemeinschaftlich bewirtschafteten landwirtschaftlichen Anbausysteme der Indianer fielen der Gier der Kolonialherren nach Gold und Silber zum Opfer.

Die Indianer wurden in die Schächte geführt, der Knechtschaft unterworfen und gezwungen, die Ländereien, die sie notgedrungen verließen oder vernachlässigten, für nichts herzugeben. An der Pazifikküste zerstörten die Spanier die riesigen Anbauflächen von Mais, Jukka, Schmink- und Speckbohnen, Erdnüssen, Süßkartoffeln, oder ließen ihren Verfall zu; die Wüste verschlang schnell bedeutende Landflächen, denen das Bewässerungsnetz der Inkas Leben eingehaucht hatte. [. . .]

Im gleichen Maße, wie die Spanier die Ländereien der Inkas zerstörten, förderten sie den Absatz der Droge Koka. Vierhundert spanische Händler lebten in Cuzco vom Kokavertrieb; in die Silberminen Potosis gelangten jährlich 100000 Körbe mit einer Million Kilo Kokablätter. Die Kirche erhob Steuern für die Droge. Mit den kärglichen Münzen, die die Indianer für ihre Arbeit erhielten, kauften sie Kokablätter anstatt Nahrung; wenn sie diese kauten, konnten sie, wenn auch zum Preise der Verkürzung ihres eigenen Lebens, die ihnen auferlegte tödliche Fronarbeit besser ertragen. [. . .]

3. Das harte Leben in den Zinnminen von Potosi

Gunhild Niggestich: Potosi einst und jetzt

[. . .] Vor 400 Jahren war diese Stadt in wenigen Jahrzehnten zur damals größten Stadt Amerikas angewachsen, obwohl das Klima in 4000 m Höhe hart ist, das Trinkwasser aus 24 km Entfernung herangeholt werden mußte und jeglicher Transport nur per Maultier abgewickelt wurde. Reisen zur Küste oder nach Lima, der Verwaltungsstadt, dauerten Tage und Wochen. In Potosi lebten damals mehr Menschen als in Paris, Rom oder Madrid. Die Stadt war so bekannt für ihre Gold- und Silberschätze, die Pracht ihrer Gebäude, die massiven Silberaltäre und Skulpturen ihrer Kirchen, daß man in Europa sagte: „Der ist ein Potosi!“, wenn man ausdrücken wollte, jemand sei unermeßlich reich. Man sagt, daß selbst die Hufeisen der Pferde in der Blütezeit aus Silber gewesen sind. Zu Beginn des 17. Jahrhunderts gab es 36 prächtige Kirchen, 36 Spielkasinos und 14 Tanzschulen in der Stadt. Alles, was die Stadt brauchte oder auch nicht brauchte, kam aus Europa oder aus den anderen Gegenden des spanischen Kolonialreiches: Wandteppiche, silberbestickte Stoffe und Seidengewebe kamen aus Flandern und Spanien, Hüte kamen aus Paris und London, Diamanten und Edelsteine aus Venedig, Porzellan aus China, Teppiche aus Persien, Wein und Maultiere aus Argentinien und Chile, Arbeitskräfte und nochmals Arbeitskräfte aus allen Teilen Amerikas, die die Spanier erobert hatten. Dafür mußten 6–8 Millionen Indios am Cerro Rico ihr Leben opfern.

Wer einmal in den Berg gegangen war, den ließ der Berg nicht mehr los, dafür sorgten die spanischen Vorarbeiter und Aufpasser, die dafür verantwortlich waren, daß der Berg ohne Unterbrechung Silber produzierte.

Heute hat Potosi 40000 Einwohner, also etwa viermal

weniger als vor genau 370 Jahren, und es ist ein armseliges, verkommenes Nest, das aber noch Spuren der einstigen Größe erkennen läßt. [. . .] Die Häuser der Straßen [. . .] sind alt. Über Portalen, die in Stein gehauene Tiere und Pflanzen schmücken, erhebt sich nur noch eine Etage. Die Steinbalustraden der Balkone sind verwittert, die Türen dahinter sind durch Schlagläden verriegelt. Andere Balkone werden vom Parterre aus mit Holzbalken und Brettern gestützt. [. . .]

Anneliese Günther: Ungleiche Geschwister: Silber und Silikose

Was daraus wurde, hat er nur einmal gesehen, damals im Schaufenster bei der Arbeitssuche in der großen Stadt, bevor er in die Mine ging. Er hatte dabei an Ringe für sich und seine Frau Aurelia gedacht, nach fast acht Jahren Ehe. Aber er sah ein, das waren Ringe für die gepflegten Finger unbekannter Reicher. Und er selbst hatte Ringe aus Blech auf dem Markt gekauft, die sie seitdem trugen, Aurelia und er, Pedro.

Das war vor zehn Jahren. Er hatte damals keine Beziehung gesehen zwischen dem feinen Silber an sauberen Händen und den tiefen, feuchten Stollen, die die Metalladern bargen. Er hatte sich auch keine Vorstellung machen können von der Arbeit im Berg und von den Konsequenzen für seine wachsende Familie. Es war kein Enthusiasmus, was ihn in die unwirtliche Höhe der Minen zog. Sondern es blieb die einzige Möglichkeit im Kampf gegen den täglichen Hunger, nachdem die Parzelle[1] seines Vaters für die fünf Söhne nicht ausreichte, und er in der Stadt vergeblich nach Arbeit gesucht hatte.

1 Grundstück zur landwirtschaftlichen Nutzung.

Jetzt, nach über zehn Jahren in der Mine war Pedro ein verbrauchter Mann. Er saß im Abenddämmer auf der Stufe vor seinem Zimmer, vierzehn Quadratmeter hatte man ihnen damals zugewiesen in der eintönigen grauen Bergarbeitersiedlung. Man hatte mehr versprochen für die Zukunft, aber sie waren hier nie herausgekommen. Hinter ihm zankten sich schreiend die Kinder, er hörte sie nicht. Hörte auch nicht den Nachbarn, Wand an Wand, der über das magere Essen fluchte. Hörte auch nicht das weinende Schreien seiner Frau von weither. Er war mit den Jahren taub geworden für die sich Luft machenden Aggressionen in der Siedlung, die die Männer nach acht bis zehn Stunden im heißen Berg in den Hütten entluden.

Er ging auch nicht mehr mit den anderen Männern saufen, nicht aus Einsicht oder weil es am Geld fehlte, sondern einfach, weil er selbst dazu zu müde war. Nicht müde nur, krank hatte ihm der Arzt gestern bescheinigt. Silikose, ein Wort, das er oft gehört hatte, aber nicht verstand. Schwer stützte er den Kopf in die schwieligen Hände. Er hatte es eigentlich ja schon lange gewußt, vor Jahren schon hatte der Husten begonnen. Aber das war allgemein unter seinen Kameraden. Kameraden?, er lächelte trüb, zuviel Wort für die trostlose Zwangsgemeinschaft im zerklüfteten Leib des Berges. „Mal de las Minas“[2] nannten sie dieses Husten, das nach einer gewissen Zeit im Berg alle befiel, das einem morgens die Eingeweide umdreht und die wenige Luft im Stollen noch knapper macht. Später kam dann der Auswurf dazu und dann . . .? Pedro machte seiner Frau Platz, die mit dem gefüllten Eimer auf dem Kopf vom Gemeinschaftswasserhahn zurückkam. Einen Augenblick lang sah er sie beinahe zärtlich an. Auch sie war alt geworden in diesen zehn Jahren, viel zu alt ihr grobes, faltiges Gesicht für ihre fünfunddreißig

[2] Minenkrankheit (Staublunge).

Jahre. Er hatte sich hier eigentlich nie um ihre Sorgen gekümmert, sieben Kinder und ständig die Schulden in dem Minenladen. Sie ließen anschreiben wie alle, und jeden Monat schien es weniger zu werden, was Pedro an Geld auf die Hand bekam.

Er dachte flüchtig an die strahlende Aurelia vor beinahe zwanzig Jahren, ihre lachenden Augen, wenn ihr roter Chola-Rock durch das Maisfeld ihres Vaters wirbelte. Aber das Bild blieb verschwommen, verdrängt von den Sorgen: Silikose. Er hatte Aurelia noch nicht von dem Besuch gestern beim Arzt erzählt, aus Feigheit vor den Tränen ihrer Antwort, aus Müdigkeit, Resignation. Sie sprachen wenig miteinander, wenig auch mit den älter werdenden Kindern, die das klaglose Schweigen der Erwachsenen übernommen hatten.

Die Konsequenzen aus der Diagnose des Arztes kannte er, er hatte das Drama dutzendmal bei anderen miterlebt. Wenn die Nachricht bis zum Personalchef durchdrang, würde sein Vertrag nicht verlängert werden. Der Arzt hatte ihn schon krankgeschrieben, ohne ihn anzusehen, ihm zu Ruhe, gutem Essen, reichlich Milch und Luftveränderung geraten und ihm ein langes Rezept in die Hand gedrückt, das er niemals würde kaufen können.

Mit einem plötzlichen Entschluß stand Pedro auf, schüttelte sich den Staub, der immer in der Luft lag, von den Hosen und ging hinter seiner Frau her in das kahle Zimmer. Eine schwache Glühbirne baumelte vom abblätternden Putz der Decke. Er würde seiner Frau noch nichts sagen, würde abwarten die nächsten Tage, vielleicht Wochen, bis der Chef selbst ihn zu sich rufen würde.

Denn die Entscheidung lag ja doch nicht in seiner Hand, war vorgezeichnet vom Diktat des Berges: sein ältester Sohn, jetzt siebzehn, würde seinen Platz übernehmen. Er arbeitete zur Zeit mit zwei seiner jüngeren Geschwister außen am Berg, Zufallsarbeit, und der Ertrag war gering.

Er hatte nie mit seinem verschlossenen Sohn darüber gesprochen, aber der hatte es ja ablesen können bei den anderen Familien. Pedro schaute seinen Sohn fast scheu von der Seite an, der war zur Schule gegangen und saß über einem Buch: ein verbissenes, entschlossenes Gesicht, aus dem Pedro nicht zu lesen wußte.

Die Diagnose stand fest, und damit seine Zukunft und die seines Sohnes, morgen oder in ein paar Monaten.

Er versuchte, sich die Schaufenster vorzustellen mit dem blanken Silber in der großen Stadt. Aber das Bild blieb undeutlich, das Silber verschwamm zu unscheinbaren, großen Gesteinsklumpen, die sie aus dem Berg sprengten, Tag für Tag.

Er streckte sich auf dem Lager aus, das er mit seiner Frau und zwei Kindern teilte. Ein Hustenanfall warf ihn einen Augenblick noch in die Wirklichkeit zurück. Dann überdeckte die Nacht und der Schlaf die Sorgen und machte die Zukunft weit und die Gegenwart barmherziger.

Der Sohn blieb noch wach – entschlossen für welches Erbe?

4. Kinder im Andenhochland

Armut und Hunger

Anneliese Günther: Heile Welt in Mutters Aguayo[3]

Im federnden Takt von Mutters Schritt wippt der schwarze Haarschopf hin und her. Den müden Kopf auf die Schulter gelehnt, ist es eingeschlafen, ein Händchen hat sich im dicken Zopf der Mutter eingehängt. Sie sind schon lange unterwegs, die zwei, kein Lastwagen kam vorbei, um sie aufzulesen auf dem Weg ins nächste Dorf, wo sie den Padrino des Kleinen besuchen wollen.

Die Frau bleibt kurz stehen, rückt das Kind zurecht, festigt den Knoten des Aguayo über ihrer Brust. Der Kleine ist schwer geworden, fast zwei Jahre ist er nun schon alt. Aber zu Fuß ist der Weg für ihn noch zu mühsam, und ein Kleineres hat seinen Platz noch nicht verdrängt.

Er ist aufgewacht, quäkt unzufrieden über die Ruhestörung. Die Frau läßt die eine Seite des Tuches unter die Achsel gleiten, und mit wenigen Handgriffen hat das Kind die Brust gefunden, saugt zufrieden an der nie versiegenden Quelle, während die Mutter weitergeht. Milch tröpfelt noch in seinen Mund, als er wieder einschläft, eingelullt vom weichen, wiegenden Schritt über steinige, löchrige Wege.

Später dann sitzt er wieder auf dem Rücken der Frau, die bloßen Füßchen baumeln rechts und links aus dem Aguayo heraus, Nasenspitze und Augen reichen über die obere Kante. Eine sichere Höhe, wenn die Campo-Hunde an Mutters Beinen kläffen, eine gute Höhe, um alles übersehen zu können: das spielende Wasser, wenn Mutter über die

---

[3] Tragetuch, mit dem die Indiofrauen ihre kleinen Kinder auf den Rücken binden.

Steine des Bergbaches springt, die sich unaufhörlich drehende Spindel, die aus den Händen der Frau bis nahe auf den Boden fällt. Und wenn er seinen Kopf auf das Tuch zurücklegt, sieht er in die tanzenden Wolken über ihm. Ab und an plappert er in das nahe Ohr der Mutter, oder er spielt mit den bunten Zopfbändern, die die langen, festen Zöpfe der Frau zusammenhalten.

Dies hier ist sein Platz, nicht nur auf dem Gang zum Padrino, dessen Name Emilio er bekommen hat. Sondern auch auf dem langen Weg zum Markt, freitags. Manchmal bleibt er auch auf dem Rücken sitzen, wenn die Mutter die Pfefferschoten verkauft, die hinter ihrer Hütte wachsen. Hier oben erreichen ihn auch die Gerüche des Kochtopfes, denn hier ist er sicherer als auf dem Boden, in der Nähe des offenen Feuers krabbelnd.

Die Mutter zieht ein rundes, weißes Brot aus ihrem weiten Rock, bricht ein Stückchen ab, reicht es dem Kind über die Schulter. Das rollt kleine Kügelchen davon, kaut und lutscht zufrieden darauf. Übermütig stupst es der Mutter den hohen Hut vom Kopf. Die Frau hebt ihn lachend auf, pustet den Staub ab, dreht sich zu dem Kind um zu einer kurzen Zärtlichkeit.

Von hier oben aus ist die Welt noch in Ordnung: Essen und Wärme zu jeder Zeit, keine Steine unter den Füßen, und der vertraute Geruch von Geborgenheit. Auch die Probleme der Frau und der Hütte, die er später einmal mit bewältigen muß, bleiben außerhalb des Aguayo. Die Mutter summt leise vor sich hin, das Lied irgendeines Heiligen, sie läßt die Spindel spielen, und dabei schläft das Kind wieder ein, die Nase plattgedrückt in die Ecke zwischen Aguayo und Mutters Schulter.

Carolina Maria de Jesus: Aus dem „Tagebuch der Armut“

Elendsviertel (Favela) in Bogotá

Das Tagebuch der Armut wurde von Carolina Maria de Jesus, einer brasilianischen Negerin, geschrieben, die in einem der zahlreichen Elendsviertel von Sao Paulo (Brasilien) lebt.

Carolina muß als Kind die Schule nach zwei Jahren verlassen, um zu arbeiten. Nach dem Tod ihrer Mutter zieht sie – in der Hoffnung auf Arbeit – allein in die Millionenstadt Sao Paulo und findet eine Stelle als Hausmädchen. Carolina heiratet nicht, aber sie bekommt ein Kind und kann nicht mehr als Hausmädchen arbeiten. Ihr bleibt nur die Favela[4]*, das Elendsviertel, in dem sie armselig in einer Bretterbude ohne Wasser und Strom haust. Dort werden noch zwei Kinder geboren; sie muß jetzt vier Mäuler satt bekommen.*

Die Aufzeichnungen ihres Tagebuches stehen in zwanzig Heften, die Carolina im Abfall gefunden hat. Durch Zufall bekam sie ein Journalist in die Hände und veröffentlichte sie als Tagebuch der Armut.

[. . .]

22. Mai [1958] Heute bin ich traurig. Ich bin nervös. Ich weiß nicht, ob ich weinen oder aus dem Hause laufen soll, bis ich bewußtlos umfalle. Heute morgen regnete es nämlich. Und ich bin nicht aus dem Hause gegangen, um Geld zu besorgen. Ich habe den ganzen Tag geschrieben. Es sind noch Nudeln übriggeblieben; ich werde sie für die Kinder aufwärmen. Ich habe die Kartoffeln gekocht, sie haben sie gegessen. Ich habe etwas Buntmetall und ein wenig Alteisen, die ich bei Senhor Manoel verkaufen werde. Als João aus der Schule kam, schickte ich ihn hin, um das Alteisen zu verkaufen. Er erhielt 13 Cruzeiros. Er kaufte ein Glas Mineralwasser, zwei Cruzeiros. Ich schimpfte ihn aus. Wo gab es jemals einen Bewohner der Favelas mit derartigen Vornehmheiten? . . . Die Kinder essen viel Brot. Sie mögen gern weiches Brot. Aber wenn keines da ist, essen sie hartes. Das Brot, das wir essen, ist hart. Das Bett, in dem wir schlafen, ist hart. Das Leben des Favela-Bewohners ist hart. Oh! São Paulo, Königin, die du eitel deine

---

4 Favela, so nennt man in Brasilien die Elendsquartiere, die sich an den Rändern und Hängen der südamerikanischen Großstädte ausdehnen, Hütten aus Wellblech, Karton oder alten Brettern. Die Menschen dort leben oft ohne Wasseranschluß und Strom, ohne Kanalisation und befestigte Wege. Dabei sind sie in der Mehrzahl von ihren viel zu kleinen und kargen Äckern auf dem Land in die Großstadt gezogen in der Hoffnung auf ein besseres Leben. Doch nur die wenigsten finden Arbeit.

goldene Krone aus Wolkenkratzern trägst, die du dich in Samt und Seide kleidest und an den Füßen Baumwollstrümpfe, die Favela, trägst.

[. . .] Das Geld reichte nicht, um Fleisch zu kaufen; ich kochte Nudeln mit Mohrrüben. Ich hatte kein Fett; es schmeckte schrecklich. Vera ist die einzige, die mehr haben will. Und sie bittet mich: „Mutti, verkauf mich doch an Dona Julita, denn dort gibt es Essen, das schmeckt." [. . .]

23. Mai [. . .] Ich habe Essen gekocht. Ich fand es schön, zu sehen, wie das Fett im Topf brutzelte. Was für ein herrliches Schauspiel! Die Kinder lächeln, wenn das Essen in den Töpfen kocht. Und sie lächeln noch mehr, wenn es Reis mit Bohnen gibt; es ist für sie ein Festtag. [. . .]

27. Mai [. . .] Ich habe keinen Kaffee getrunken; mir war schwindlig. Der Schwindel des Hungers ist schlimmer als der des Alkohols. Der Schwindel des Alkohols macht uns singen. Aber der Hunger macht uns zittern. Ich stelle fest, wie schrecklich es ist, nur Luft im Magen zu haben.

[. . .] Anscheinend hat das Schicksal mich bei meiner Geburt gebrandmarkt, damit ich Hunger leide. Ich habe einen Sack Papier gesammelt. Als ich in die Rua Paulino Guimarães ging, gab mir eine Dame ein paar Zeitungen. Sie waren sauber; ich ging zur Sammelstelle. Auf dem Wege sammelte ich alles, was ich fand. Eisen, Dosen, Kohle, alles kann der Bewohner der Favela gebrauchen. Der Leon nahm das Papier an; ich bekam sechs Cruzeiros. Ich dachte daran, das Geld aufzubewahren, um Bohnen zu kaufen. Aber ich merkte, daß ich das nicht konnte, denn mein Magen forderte und quälte mich.

[. . .] Ich beschloß, eine mittlere Tasse Kaffee zu trinken und ein Brot zu kaufen. Welche überraschende Wirkung hat die Nahrung in unserem Organismus! Bevor ich aß, sah ich den Himmel, die Bäume, die Vögel – alles gelb; nachdem ich gegessen hatte, wurde alles vor meinen Augen normal.

[. . .] Die Nahrung im Magen ist wie der Brennstoff in den Maschinen. Ich fing an, schneller zu arbeiten. Der Körper wog nicht mehr. Ich fing an, schneller zu gehen. Ich glaubte, im Raum zu schweben. Ich fing an zu lächeln, als wohnte ich einem schönen Schauspiel bei. Und gibt es überhaupt ein schöneres Schauspiel, als zu essen zu haben? Mir schien, ich äße zum ersten Male in meinem Leben.

12. Juli [. . .] Ich ging zum Kühlhaus und bekam Knochen. Mir ist unwohl. Ich habe zwei Milchbrote für João und Vera gekauft. Ich habe ein paar Tomaten gesammelt. Ich traf einen wohlerzogenen und richtig sprechenden Neger. Er sagte mir, er wohne in Jaçaná. Ich wollte ihn nach seinem Namen fragen, schämte mich aber. Er gab João zwei Cruzeiros, und ich habe Petroleum gekauft. Ich kam zu Hause an; ich ging zu Senhor Manoel, um das Alteisen zu verkaufen. Das Lager war geschlossen. Ich ging nach Hause und legte mich hin. Mich fror, und ich fühlte mich unwohl. Die Leute der Favela wissen schon, daß ich krank bin. Aber niemand kommt, um mir einen Gefallen zu tun.

[. . .] Ich hatte die Absicht gehabt, mit meinem Sohn über die ernsten Dinge des Lebens erst zu sprechen, wenn er volljährig wäre. Aber wer in der Favela wohnt, hat keine Lebenseinteilung. Er hat keine Kindheit, keine Jugend und keine Reife.

15. Juli Heute ist der Geburtstag meiner Tochter Vera Eunice. Ich kann keine kleine Feier veranstalten, weil das ebenso schwer wäre wie die Sonne mit den Händen zu greifen. Heute gibt es kein Mittagessen. Nur Abendessen. [. . .]

16. Juli [. . .] Auf den Straßen lag kein Papier. Ich ging beim Kühlhaus vorbei. Man hatte sehr viel Wurst auf den Abfallhaufen geworfen. Ich sammelte die heraus, die nicht verdorben war . . . Ich will nicht schwach werden und kann sie nicht kaufen. Ich habe einen Löwenhunger. Deshalb gehe ich zum Abfallhaufen.

26. Juli Mir war schwindelig vor Hunger, weil ich sehr früh aufgestanden war. Ich kochte Kaffee. Dann wusch ich die Wäsche im See. [. . .]

[. . .] Ich schickte João zu Senhor Manoel, um Alteisen zu verkaufen. Und ich ging Papier sammeln. Im Abfall des Kühlhauses lagen viele Würste. Ich sammelte die besten auf, um eine Suppe zu kochen . . . Auf der Straße sammelte ich Alteisen. [. . .]

19. Dezember Ich wachte mit Leibschmerzen auf und erbrach mich. Ich war krank und hatte nichts zu essen. Ich schickte João zur Alteisensammelstelle, um etwas Werg und etwas Alteisen zu verkaufen. Er bekam 23 Cruzeiros. Das genügte nicht einmal, um eine Suppe zu kochen . . . Was ist es doch eine Qual, hier in der Favela krank zu werden! Ich dachte: heute ist mein letzter Tag auf dieser Erde.

25. Dezember [. . .] João kam nach Hause und sagte, er habe Leibschmerzen. Ich stellte fest, daß es daran lag, daß er eine verdorbene Wassermelone gegessen hatte. Heute haben sie einen Lastwagen Wassermelonen in der Nähe des Flusses ausgekippt. Ich weiß nicht, warum diese unvernünftigen Kaufleute ihre verdorbenen Sachen hier in der Nähe der Favela auskippen; die Kinder sehen es und essen es. [. . .]

13. August [1959] Ich bin um 6 Uhr aufgestanden. Ich war wütend über das Leben. Am liebsten hätte ich geweint, weil ich kein Geld habe, um Brot zu kaufen . . . Die Kinder sind in die Schule gegangen. Ich bin ganz allein aus dem Haus gegangen. Ich ließ Vera zu Hause, weil es regnen wird. Ich ging Werg und Pappe sammeln. Ich bekam 30 Cruzeiros. Ich war traurig und dachte: Was soll ich mit 30 Cruzeiros machen? Ich hatte Hunger. Ich trank eine Tasse Milchkaffee und aß ein Milchbrot dazu.

Ich kehrte zur Favela zurück. [. . .]

Kinderarbeit

„Ich war zwölf, als ich anfing zu arbeiten."

Im folgenden Interview berichtet Luis Fernando, 13 Jahre, der Sozialarbeiterin Lucia:

[. . .]

LUCIA: Wie alt warst du, als du anfingst zu arbeiten?

LUIS FERNANDO: Ich war zwölf Jahre alt, als ich anfing zu arbeiten, dann, na, wir haben angefangen, als mein Vater starb.

LUCIA: Wie ist er gestorben?

LUIS FERNANDO: Er starb durch Steinschlag in der Mine. Wir hatten schon das Schuljahr beendet. Danach fingen wir an zu arbeiten.

LUCIA: Wie viele Kinder hat deine Mutter noch, wie viele sind noch hier im Haus?

LUIS FERNANDO: Es blieben neun und einer wurde von einem Auto überfahren, so sind wir jetzt acht. Dann später, fingen die anderen Jungen mit der Schule an und die anderen mußten uns „betreuen", die mußten uns das Frühstück bringen.

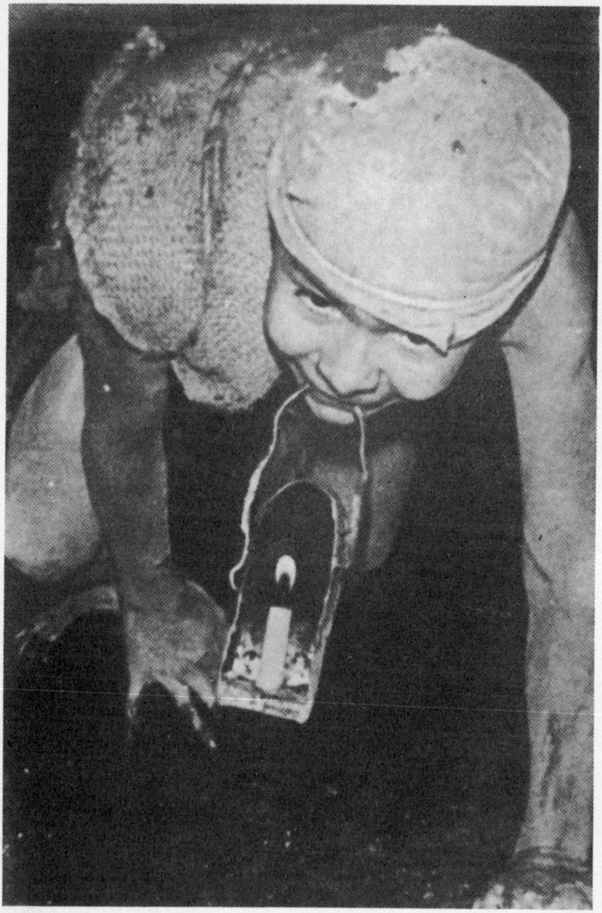

Luis Fernando an seinem Arbeitsplatz

LUCIA: Und bis wann warst du in der Schule?

LUIS FERNANDO: Ah! Ich studierte bis zur fünften Klasse, ich wollte die Erste (Oberschule) anfangen, nun, dann später, als wir gesehen haben, daß wir nicht mehr konnten, daß ich nicht weiter studieren konnte, haben wir uns gezwungen gesehen arbeiten zu gehen, in eine Mine. Nun, als ich anfing, zu arbeiten in einer Mine, habe ich in der Mine von Miguel angefangen, in einer Kohlenader vier Handspannen breit.

Lucia: Wieviel ist vier Handspannen?

Luis Fernando: Vier Handspannen? Das ist ungefähr bis zu dieser Höhe.

Lucia: Ungefähr einen halben Meter. Wie kommt ihr da rein und raus?

Luis Fernando: Ah, wir müssen ganz gebückt reinkriechen und wir müssen durch Wasser waten, welches einem bis fast an die Knie reicht.

Lucia: Und ist die Mine dunkel oder hat sie Licht?

Luis Fernando: Nein, sie ist dunkel, wir müssen da drin mit einer Lampe arbeiten.

Lucia: Und wie tragt ihr die Lampe?

Luis Fernando: Hier im Mund, oder man kann sie auch in der Hand tragen.

[. . .]

Lucia: Und wie holt ihr die Kohle raus?

Luis Fernando: Die Kohle schleppen wir auf einem Blech raus. Das macht man so auf einem langen Blech, dort tun wir den Sack Kohle drauf und dann tun wir uns den Strick um die Schultern und raus damit.

Lucia: Bis wieviel könnt ihr rausholen an einem Tag, wenn ihr schnell macht?

Luis Fernando: Ah! Wenn wir schwer arbeiten, dann holt man so ungefähr 18 Sack heraus, so ungefähr, von sechs bis zwei oder drei Uhr 18 Sack (67 Kilo pro Sack).

Lucia: Und wieviel bekommst du pro Sack?

Luis Fernando: Pro Sack 13 Pesos, 13 Pesos pro Sack. Aber das ist schon hoch.

Freunde von Luis auf dem Weg in den Berg

LUCIA: Warum hoch?

LUIS FERNANDO: Nun, jedes Mal, wo der Bergmann schlägt, geht es tiefer, jeden Tag geht man tiefer.

LUCIA: Dann ist es sehr tief?

LUIS FERNANDO: Ja, ja, das ist so ungefähr 250 Meter tief, nun, das hat man so geschätzt. [. . .]

[. . .]

LUCIA: Nachdem ihr da rauskommt, was macht ihr, was machst du?

LUIS FERNANDO: Wenn wir aus der Mine rauskommen? Ah! Nein, da tun wir nichts.

LUCIA: Geht ihr nach Hause und badet euch?

LUIS FERNANDO: Da bade ich und geh' und lauf so rum, irgendwo, oder ich fahre mit dem Fahrrad.

LUCIA: Und um wieviel Uhr fängst du an zu arbeiten und wann hörst du auf?

LUIS FERNANDO: Ich gehe so zwischen sechs und halb sieben rein und komme so zwischen halb drei und drei raus.

LUCIA: Und was nimmst du zum Essen mit in dieser ganzen Zeit?

LUIS FERNANDO: Ah! Mir schicken sie zwei Flaschen. Mir schicken sie eine Flasche mit Kakao und die andere für den Rest des Tages mit Zuckerwasser (Wasser mit panela, brauner Zucker), mit der komme ich für den Rest des Tages aus.

LUCIA: Der Kakao ist für das Frühstück also?

LUIS FERNANDO: Ja, der Kakao ist für das Frühstück.

LUCIA: Mit arepo (Maisbrot) und platano (gebackene Banane)?

LUIS FERNANDO: Ja, ja, Fleisch oder weißer Käse und Zuckerwasser für den Tag.

LUCIA: Und weißt du, wieviel Kinder in dieser Mine hier arbeiten?

LUIS FERNANDO: Hier, so ungefähr? Na, so an die neunzig oder hundert ungefähr. Sehen Sie, hier herum sind alle meistens Kinder.

LUCIA: Zwischen welchem Alter sind sie?

LUIS FERNANDO: Da sind einige, die fangen mit der Arbeit so . . ., da sind welche ganz Kleine, die nimmt der Vater mit um zu arbeiten, die sind so sieben oder sechs Jahre alt.

LUCIA: Ah! Und die gehen nicht in die Schule?

LUIS FERNANDO: Nein. Sagen wir zum Beispiel, einige Kinder, einige Jungen dort, die rausschleppen, die Söhne von Pacho Acevedo, die haben angefangen zu arbeiten, als sie sieben Jahre alt waren, und die sind heute schon groß.

LUCIA: Und warum fangen sie als so kleine Kinder an?

LUIS FERNANDO: Vielleicht, weil der Vater sie zur Arbeit schickt. Weil sie nicht genug haben, um das Nötigste zu kaufen. Es gibt auch andere, die erst anfangen zu arbeiten, wenn sie groß sind.

LUCIA: Also, die Kinder, die in der Mine arbeiten, die gehen meist nicht zur Schule, nicht wahr?

Luis Fernando: Nein.
Lucia: Die können weder lesen noch schreiben?
Luis Fernando: Nein, [. . .]

Kleine Hände, kleine Fäuste

Reinhard Jung sprach mit Kindern in Südamerika

„Ich heiße Alejandro und bin 12 Jahre alt."

„Was arbeitest Du?"

„Ich arbeite im Steinbruch und manchmal säge ich auch Feuerholz klein zum Verkaufen."

„Das ist Schwerarbeit."

„Klar, arbeite Du mal mit dem Steinhammer oder der Drummsäge! Das ist immer schwer."

„Wann fängst Du mit Deiner Arbeit an?"

„Wir fangen hier alle zwischen sechs und sieben Uhr morgens an und schaffen bis fünf Uhr nachmittags."

„Und was machen Deine Eltern?"

„Mein Vater bricht Steine und meine Mutter sammelt Holz zum Verkaufen."

„Glaubst Du, daß die Gamines auf der Straße ein besseres Leben finden?"

„Nein, ich glaube, man lebt doch besser zuhause als auf der Straße."

„Denkst Du, daß man etwas machen kann, um die Lage der Kinder hier zu ändern, die so hart arbeiten müssen wie Du?"

„Also, ich glaube: ja."

„Woran denkst Du dabei?"

„Ich glaube, man müßte ein wenig an der Zusammenarbeit ändern, man müßte sich mehr untereinander helfen, zusammenschließen in ganz Kolumbien, damit sich im ganzen Land etwas bewegt, oder?"

„Gibt es denn Kinder, die zusammenhalten, die sich zusammenschließen?“

„Aber ja!“

„Das scheint aber schwer zu sein?“

„Stimmt.“

„Und wo liegen die Schwierigkeiten?“

„Die Großen lassen das nicht zu, sie nutzen die Kinder aus, zwingen uns zur Arbeit, wir werden geprügelt. Oft!“

„Und Ihr wehrt Euch?“

„Man kann mit Steinen werfen, aber gegen die ganz Großen kommen wir nicht an.“

Kinderarbeit im Steinbruch

Vereinte Nationen: „Erklärung der Rechte des Kindes“*
(Auszüge)

Die Menschheit schuldet dem Kind das Beste, das sie zu geben hat.

So heißt es in der „Erklärung der Rechte des Kindes“, die am 20. November 1959 von der Vollversammlung der Vereinten Nationen einstimmig angenommen wurde. In zehn Grundsätzen legt diese Erklärung die Rechte fest, auf die jedes Kind Anspruch hat.

[. . .]

Grundsatz 4

Das Kind erfreut sich der Wohltaten der sozialen Sicherheit. Es ist berechtigt, in Gesundheit heranzuwachsen und zu reifen; deshalb werden ihm und seiner Mutter besondere Fürsorge und Schutz gewährt, einschließlich angemessener Pflege vor und nach der Geburt. Das Kind hat das Recht auf ausreichende Ernährung, Wohnung, Erholung und ärztliche Betreuung.

[. . .]

Grundsatz 7

Das Kind hat Anspruch auf unentgeltlichen Pflichtunterricht, wenigstens in der Volksschule. Ihm wird eine Erziehung zuteil, die seine allgemeine Bildung fördert und es auf der Grundlage gleicher Möglichkeiten in den Stand setzt, seine Anlagen, seine Urteilskraft, sein Verständnis für moralische und soziale Verantwortung zu entwickeln und zu einem nützlichen Glied der menschlichen Gemeinschaft zu werden. Das Beste des Kindes ist der Leitgedanke für alle, die für seine Erziehung und Führung Verantwortung tragen; diese liegt zuallererst bei den Eltern. Das Kind hat volle Gelegenheit zu Spiel und Erholung, die den gleichen

---

* zitiert aus: Hartwig Weber, Mut zur Phantasie, in: Kinder lernen über Kinder, Reinbek bei Hamburg (rororo TB 7255) 1979, S. 86f.

Erziehungszielen dienen sollen; Gesellschaft und Behörden fördern die Durchsetzung dieses Rechtes.

[. . .]

Grundsatz 9

Das Kind wird vor Vernachlässigung, Grausamkeit und Ausnutzung jeder Art geschützt. Es ist in keinem Fall Gegenstand eines Handels. Das Kind wird erst nach Erreichung eines geeigneten Mindestalters zur Arbeit zugelassen; nie wird es gezwungen oder wird ihm erlaubt, einen Beruf oder eine Tätigkeit auszuüben, die seiner Gesundheit oder Erziehung schaden oder seine körperliche, geistige und moralische Entwicklung hemmen.

Kinderbanden in der Großstadt

Enrique Congrains Martin: Der Kleine von „Fast-Schon-Im-Himmel"

Aus einem unbekannten Grund war Esteban genau an diese Stelle gekommen, an ganz genau die einzig mögliche Stelle . . . Aber, war's nicht eher so, daß „das da" zugekommen war auf ihn? Er sah hin und sah noch mal hin. Doch, da war's immer noch, das orangefarbene Papier, schon fast vor seinen Füßen, schon fast in seinem Leben.

Warum? Warum er?

Seine Mutter hatte geringschätzig mit den Achseln gezuckt, als er sie um Erlaubnis bat, die Stadt kennenlernen zu dürfen, aber hinterher hatte sie ihn doch gewarnt, auf die Autos zu achten und vorsichtig mit den Leuten zu sein. Vom Berg war er bis zur Autostraße hinuntergegangen, und da, nach wenigen Schritten, sah er nun „das da", fast schon beim Pfad, der parallel zur Straße lief.

Zögernd, ungläubig, bückte er sich und nahm es in die

Finger. Zehn, zehn, zehn, es war ein Zehnsolschein, ein Schein, der ungeheuer viel Reales[5], unzählige halbe Reales bedeutete. Genau wie viele Reales, wie viele halbe? Estebans Kenntnisse reichten für so komplizierte Dinge noch nicht aus; anderseits genügte ihm aber das Wissen, daß es sich um ein orangefarbenes Stück Papier handelte, auf dessen beiden Seiten „zehn" stand.

Er ging auf dem Pfad weiter, in Richtung auf die Gebäude, die jenseits des andern von Hütten überzogenen Berghanges zu sehen waren. Nach einigen Metern blieb Esteban stehen und zog den Geldschein aus der Tasche, um sich vor seiner jetzt unerläßlichen Existenz zu überzeugen. War der Schein auf ihn zugekommen, fragte er sich, oder war er es, der auf den Schein zugegangen war?

Er überquerte die Autostraße und betrat ein Feld, das von Abfällen, Überresten des Maurerhandwerks und Exkrementen wie bespritzt dalag, erreichte eine Straße und erblickte von da aus den berühmten Markt, den Mercado Mayorista, von dem er soviel hatte erzählen hören. Das war Lima, Lima, Lima? . . . Das Wort kam ihm hohl vor. Er entsann sich: Sein Onkel hatte gesagt, Lima sei eine große Stadt, so groß, daß eine Million Menschen in ihr lebten.

Eine Bestie mit einer Million Köpfen? Davon hatte Esteban, schon vor einigen Tagen, vor der Reise, geträumt: von einer Bestie mit einer Million Köpfen. Und jetzt geriet er, er, mit jedem Schritt, den er machte, tiefer ins Innere der Bestie . . .

Er blieb stehen, blickte um sich und überlegte: die Stadt, der Mercado Mayorista, die drei- oder vierstöckigen Gebäude, die Autos, die unendlich vielen Menschen – einige wie er, andre nicht wie er –, und der orangefarbene Geldschein, still, gefügig, in seiner Hosentasche. Auf beiden Seiten des Scheins stand „zehn", und darin war er

---

[5] 1 Real = 10 Centavos = 0,1 Sol (Peruanische Währung).

Esteban ähnlich. In seinem Gesicht und seinem Bewußtsein stand auch „zehn“. Dieses „zehn Jahre“ machte ihn sicher und selbstbewußt, aber nur bis zu einem gewissen Punkt. Früher, als er erst angefangen hatte, eine Vorstellung von den Dingen und den Tatsachen zu bekommen, war das Ziel, der Horizont, das Alter von zehn Jahren gewesen. Und jetzt? Nein, leider nein. Zehn Jahre war nicht alles. Esteban kam sich immer noch unvollkommen vor. Wenn er zwölf wäre, vielleicht, oder vielleicht wenn er fünfzehn erreichte. Vielleicht aber auch jetzt schon, mit Hilfe des orangefarbenen Scheins.

Er wanderte ein wenig umher, blickte ins Innere der Bestie, bis er sich als ein Teil von ihr fühlte. Eine Million Köpfe, und, jetzt, noch einer mehr. Die Leute hasteten hin und her, und er, Esteban, mit dem orangefarbenen Schein, befand sich immer im Zentrum des Ganzen, mitten in der Mitte.

Einige Jungen seines Alters spielten auf dem Trottoir[6]. Esteban blieb einige Meter entfernt davon stehen und sah dem Hin und Her der Murmeln zu. Nur zwei spielten, die andern standen drum rum. Na ja, er war einige Straßen weit gelaufen, und jetzt traf er Wesen, die wie er selber waren, Menschen, die nicht unaufhörlich von einer Straßenseite zur andern eilten. Danach zu urteilen gab es scheinbar auch in der Stadt menschliche Wesen.

Wie lange hat er ihnen zugesehen? Eine Viertelstunde? Halbe Stunde? Eine Stunde, gar zwei? Die Jungen waren alle gegangen, alle bis auf einen. Esteban betrachtete ihn, während seine Hände in der Tasche den Schein liebkosten.

„Hola, Mensch!“

„Hola . . .“, antwortete Esteban fast flüsternd.

Der Junge war mehr oder weniger gleich alt und hatte eine Hose und ein Hemd von der nämlichen Farbe an,

---

6 Gehsteig.

einstmals mußte sie Khaki gewesen sein, jetzt aber gehörte sie der Kategorie vager und undefinierbarer Farben an.

„Bist du von hier in der Gegend?“ fragte er Esteban.

„Ja, das heißt . . .“ Er blieb stecken und wußte nicht, wie er erklären sollte, daß er oben auf dem Berg wohnte und daß er sich auf einer Forschungsreise durch die Bestie mit der Million Köpfe befand.

„Von wo, hm?“ Er war herangekommen und stand vor Esteban. Er war größer, und die unruhigen Augen überflogen Esteban von oben bis unten.

„Von wo, hm?“ fragte er noch einmal.

„Von da drüben, vom Berg“, und Esteban deutete in die Richtung, aus der er gekommen war.

„San Cosme?“

Esteban schüttelte den Kopf, nein.

„Vom Agustino?“

„Ja, von dem“, rief er lächelnd. So hieß der Berg, jetzt fiel es ihm wieder ein. Seit Monaten, seit er vom Entschluß seines Onkels gehört, nach Lima zu gehen und sich dort niederzulassen, hatte er Einzelheiten über die Stadt ausgekundschaftet. So hatte er erfahren, daß Lima sehr groß war, zu groß vielleicht; daß es einen Ort gab, der Callao hieß, und daß dort Schiffe aus andern Ländern ankamen; daß es sehr hübsche Orte gab, riesige Läden, schrecklich breite Straßen . . . Lima! . . . Sein Onkel war zwei Monate vor ihnen gefahren, in der Absicht, eine Wohnung aufzutreiben. Eine Wohnung. Wo wird sie sein? . . . hatte er seine Mutter gefragt. Sie wußte es auch nicht. Die Tage vergingen, und nach vielen Wochen war der Brief gekommen, der den Aufbruch befahl. Lima! . . . Der Agustino-Berg, Esteban? Aber er nannte ihn nicht so. Für ihn hieß der Ort anders. Die Hütte, die sein Onkel aufgerichtet hatte, stand im Barrio „Fast-Schon-Im-Himmel“. Und Esteban war der einzige, der das wußte.

„Ich hab’ kein Zuhaus“, sagte der Junge nach einer

Weile. Er schleuderte eine Murmel auf die Erde und rief: „Hab' ich nicht, verdammt!"

„Wo wohnst du dann?" fragte Esteban schließlich mutig.

Der Junge hob die Murmel auf, rieb sie zwischen den Fingern und antwortete dann:

„Am Markt, ich paß aufs Obst auf, dazwischen schlaf ich . . ." Freundschaftlich und lächelnd legte er Esteban eine Hand auf die Schulter und fragte ihn: „Wie heißt du denn?"

„Esteban . . ."

„Ich heiße Pedro." Er warf die Murmel in die Luft und fing sie in der Handfläche auf. „Wollen wir drum spielen, Esteban?"

Die Murmeln kullerten auf dem Trottoir, verfolgten einander. Die Minuten vergingen, Männer und Frauen gingen an ihnen vorbei, auf der Straße fuhren Autos vorüber, die Minuten vergingen, weiterhin.

Das Spiel war zu Ende gegangen. Esteban konnte es mit der Fertigkeit Pedros nicht aufnehmen. Die Murmeln in die Tasche und die Füße auf dem grauen Zement des Bürgersteigs. Wohin jetzt? Sie fingen an, nebeneinander vor sich hin zu wandern. Esteban fühlte sich wohler in der Gesellschaft Pedros als allein.

Sie spazierten durch die Gegend. Immer mehr Gebäude. Immer mehr Menschen. Immer mehr Autos auf den Straßen. Und der orangefarbene Schein war immer noch in der Tasche. Da fiel er Esteban ein.

„Schau, was ich gefunden hab!" Er hielt ihn zwischen den Fingerspitzen, und der Wind brachte ihn leicht zum Flattern.

„Verdammt!" rief Pedro auf und nahm ihn und prüfte ihn genau.

„Zehn Sol, verdammt! Wo hast du denn die gefunden?"

„Neben der Autostraße, beim Berg", erläuterte Esteban.

Pedro gab ihm den Schein zurück und dachte eine Weile angestrengt nach. Dann fragte er:

„Was wirst du damit machen, Esteban?"

„Weiß nicht, aufheben wahrscheinlich . . .", und er lächelte scheu.

„Verdammt, ich, mit zehn Sol, ich tät Geschäfte machen, Ehrenwort!"

„Wie?"

Pedro machte eine ungenaue Handbewegung, die zahllose Möglichkeiten auf einmal andeutete. Die Geste ließ sich als völlige Unbesorgtheit bezüglich der zu machenden Geschäfte auslegen oder als Überfluß an Möglichkeiten und Chancen. Esteban begriff nicht.

„Was für Geschäfte, hm?"

„Irgendwelche, Mensch!" Pedro stieß eine Orangenschale beiseite, die vom Trottoir auf die Straße rollte; fast augenblicklich fuhr ein Autobus darüber und walzte sie in den Asphalt. „Geschäfte gibt's mehr als genug, Ehrenwort. Und in zwei Tagen hätte jeder von uns leicht noch mal zehn Sol in der Tasche."

„Noch zehn Sol?" fragte Esteban verblüfft.

„Aber klar, Mensch, klar!" Er sah Esteban genauer an und fragte ihn: „Bist du von Lima?"

Esteban errötete. Nein, er war nicht am Fuß der grauen Mauern aufgewachsen, hatte nie auf dem rauhen und gleichgültigen Asphalt gespielt. Nichts von all dem während seiner zehn Jahre, außer heute.

„Nein, ich bin nicht von hier, bin aus Tarma; gestern bin ich angekommen . . ."

„Ah!" rief Pedro aus und betrachtete ihn flüchtig. „Von Tarma, was?"

„Ja, von Tarma . . ."

Sie hatten den Markt hinter sich gelassen und waren schon fast an der Autostraße. Einen halben Kilometer weiter weg ragte der Agustino empor, das Viertel „Fast-Schon-Im-

Himmel“, wie Esteban es nannte. Vor der Reise, noch in Tarma, hatte er sich gefragt: Werden wir in Miraflores wohnen, in Callao, in San Isidro, in Chorillos, in welchem von diesen Stadtvierteln ist wohl das Haus meines Onkels? Sie hatten den Omnibus genommen, und nach mehreren Stunden anstrengender und ermüdender Reise waren sie in Lima angekommen. Miraflores? La Victoria? San Isidro? Callao? Wo, Esteban, wo? Sein Onkel hatte die Gegend genannt, und es war das erstemal, daß Esteban davon gehört hatte. Muß ein neues Viertel sein, dachte er. Sie nahmen ein Taxi und fuhren durch Straßen und noch mehr Straßen. Alle waren verschieden, aber, seltsam, auch alle einander ähnlich. Das Auto setzte sie am Fuß eines Berges ab. Hütten unten am Berg, Hütten auf halber Höhe des Berges. Hütten auf dem Gipfel des Berges. Sie waren hochgeklettert, und als sie oben angelangt waren, schon fast bei der Hütte, die sein Onkel aufgerichtet hatte, hatte Esteban hinuntergeblickt auf die Bestie mit der Million Köpfe. Das „Ding“ erstreckte sich weit und dehnte sich aus, bedeckte die Erde mit Häusern, Straßen, Dächern, Gebäuden, weiter als sein Blick reichte. Und dann hatte Esteban in die Höhe gesehen, und ihm war gewesen, als stünde er so hoch über allem – oder vielleicht ganz unten? –, daß er gedacht hatte, er befände sich im Viertel „Fast-Schon-Im-Himmel“.

„Hör zu, möchtest du mit mir zusammen ein Geschäft machen?“ Pedro war stehengeblieben, betrachtete ihn und harrte der Antwort.

„Ich . . .?“ fragte er stotternd. „Was für ein Geschäft? Hätt’ ich da morgen noch mal einen Schein?“

„Klar, Mensch, und ob!“ bestätigte Pedro entschlossen.

Estebans Hand liebkoste den Schein und er dachte daran, daß er noch einen haben könnte, und noch einen, noch viele mehr. Schrecklich viele Scheine mehr wahrscheinlich. Dann wäre das „zehn Jahre“ doch das Ziel, von dem er immer geträumt hatte.

„Was für Geschäfte zum Beispiel, hm?“ fragte Esteban.

Pedro lächelte und erklärte es ihm:

„Da gibt’s viele . . . Wir könnten alte Zeitungen kaufen und sie in Lima verkaufen; wir könnten Illustrierte kaufen, Abenteuerhefte . . .“ Er machte eine Pause und spuckte heftig aus. Dann sagte er, immer begeisterter werdend: „Schau, jetzt kaufen wir für zehn Sol Abenteuerhefte und verkaufen sie gleich noch, heute nachmittag, und dann haben wir fünfzehn Sol, Ehrenwort.“

„Fünfzehn Sol?“

„Klar, fünfzehn Sol! Zweieinhalb für dich und zweieinhalb für mich. Was meinst du, hm?“

Sie vereinbarten, sich in einer Stunde unten am Berg zu treffen; vereinbarten, daß Esteban nichts zu seiner Mutter sagen würde, weder zu seiner Mutter noch zu seinem Onkel; vereinbarten, daß sie Abenteuerhefte verkaufen würden und daß aus dem Zehnsolschein Estebans noch schrecklich viele mehr werden würden.

Esteban hatte hastig zu Mittag gegessen und hatte seine Mutter erneut um Erlaubnis gebeten, noch mal in die Stadt hinuntergehen zu dürfen. Sein Onkel kam zum Mittagessen nicht nach Haus, denn da, wo er arbeitete, bekam er das Essen frei, ganz und gar umsonst, wie er hervorgehoben hatte, als er es ihnen erklärte. Esteban blieb am Rand der Autostraße stehen, genau am selben Fleck, wo er am Morgen die Zehnsolnote gefunden hatte. Wenig später tauchte Pedro auf, und miteinander machten sie sich auf den Weg, hinein in die Bestie mit der Million Köpfe.

„Wirst sehen, wie leicht es ist, Illustrierte zu verkaufen, Esteban. Wir legen sie einfach irgendwo aus, die Leute sehen sie, und schon ist’s soweit, sie kaufen sie für ihre Kinder. Wenn wir wollen, können wir sie auf der Straße auch ausrufen, dann kommen die Leute schneller . . . Wirst schon sehen, wie toll das ist, Geschäfte machen . . .!“

„Ist’s noch weit bis dahin?“ fragte Esteban, als er feststellte, daß die Straßen immer länger wurden, fast bis ins Unendliche reichten. Wie weit weg das alles war, woran er bis vor wenigen Tagen noch gewöhnt gewesen war.

„Nein, nicht mehr. Jetzt sind wir gleich bei der Straßenbahn, und da fahren wir schwarz mit bis ins Zentrum."

„Wieviel kostet die Straßenbahn?"

„Nix, Mensch!" Und Pedro lachte laut auf. „Wir steigen einfach aufs Trittbrett und sagen zum Schaffner, er soll uns bis zur Plaza San Martin mitfahren lassen."

Immer noch ein Häuserblock. Und die Autos, einige alt, andere unglaublich neu und wie zum allererstenmal gefahren, schossen vorüber, Gott weiß wohin.

„Wohin fahren die Leute in den Autos?"

Pedro lächelte und sah Esteban an. Aber – wohin fuhren sie dann nun? Pedro fand keine zufriedenstellende Antwort und beschränkte sich darauf, den Kopf zu wiegen. Ein Häuserblock nach dem andern. Endlich hörte die Straße auf, und sie kamen zu einer Art Anlage.

„Renn!" schrie ihm Predo plötzlich zu. Die Straßenbahn fuhr eben an. Sie rannten hinterher, überquerten mit zwei Sätzen die Autostraße und sprangen aufs Trittbrett.

Als sie darauf standen, sahen sie sich grinsend an. Esteban verlor allmählich seine Angst und kam zu dem Schluß, daß er nach wie vor der Mittelpunkt von allem war. Die Bestie mit der Million Köpfe war gar nicht so grauenhaft, wie er geträumt hatte, und es bedeutete ihm nichts mehr, jetzt, hier oder woanders, mitten im Zentrum vom Ganzen, mitten im Nabel der Bestie zu sein.

Es schien, daß die Straßenbahn diesmal endgültig zum Stillstand gekommen war, nach einer Reihe von Haltestellen. Alle Leute erhoben sich von ihren Plätzen, und Pedro stieß ihn.

„Los, auf was wartest du denn?"

„Hier?"

„Klar, steig ab."

Sie stiegen ab, und wieder hieß es, auf der Zementhaut der Bestie dahinwandern. Esteban sah hier mehr Leute und sah sie – Gott weiß wohin – in größerer Eile dahineilen als vorher. Warum gingen sie eigentlich nicht ruhig, gemütlich, genießerisch wie die Leute in Tarma?

„Nachher kommen wir hierher zurück, und genau hier verkaufen wir die Abenteuerhefte."

„Schön", nickte Esteban. Der Ort war das wenigste, sagte er sich, das Wichtigste war, die Hefte zu verkaufen und daß der Zehnsolschein sich in weitere verwandelte. Das war wichtig.

„Hast du auch keinen Papa?" fragte ihn Pedro, während sie in eine Straße einbogen, durch die Straßenbahngeleise führten.

„Nein, ich hab' keinen . . ." Und er senkte traurig den Kopf. Und dann, nach einem Moment, fragte Esteban: „Und du?"

„Auch nicht, keinen Papa, keine Mama." Pedro zuckte die Achseln und ging schneller. Danach fragte er wie zufällig:

„Und der ‚Onkel', wie du ihn nennst?"

„Ah – der wohnt bei meiner Mutter, ist als Chauffeur nach Lima gekommen . . ." Er verstummte, aber gleich darauf sagte er: „Mein Papa ist gestorben, da war ich noch klein . . ."

„Ah, verdammt! . . . Und dein ‚Onkel', wie behandelt dich der?"

„Gut; redet mir um nichts was dazwischen."

„Ah!"

Sie waren angekommen. Hinter einer großen Haustür sah man einen ziemlich großen Patio, Türen, Fenster und zwei Schilder, die „Zeitschriftengroßhandel" besagten.

„Los, komm rein!" befahl Pedro.

Dann waren sie drinnen. Vom Boden bis zur Decke waren Zeitschriften aufgestapelt, und einige kleine Jungen wie sie selber, zwei Frauen und ein Mann wählten aus, was sie kaufen wollten. Pedro ging auf eine der Stellagen zu und klemmte immer mehr Zeitschriften unter den Arm. Er zählte sie und traf eine engere Auswahl.

„Zahl!"

Esteban zögerte einen Augenblick. Sich von dem orangefarbenen Schein zu trennen, war unangenehmer, als er angenommen hatte. Es war erfreulich, ihn in der Tasche zu haben und ihn sooft nötig, liebkosen zu können.

„Zahl!" wiederholte Pedro und hielt die Zeitschriften einem dicken Mann hin, der den Verkauf überwachte.

„Macht's genau zehn Sol?"

„Ja, genau. Zehn Zeitschriften zu je einem Sol."

Er umkrampfte den Schein verzweifelt, aber schließlich zog er ihn doch aus der Tasche. Pedro riß ihn ihm schnell aus der Hand und gab ihn dem Mann.

„Komm", sagte er und zog ihn hinter sich her.

Sie stellten sich auf der Plaza San Martin auf und legten die zehn Hefte nebeneinander auf eine der Steinbalustraden, die die Grünanlagen einfaßten. Abenteuerhefte, Abenteuer, Abenteuer, der Herr, Abenteuerhefte, die Dame, Abenteuer, Abenteuerhefte. Jedesmal, wenn eine der Zeitschriften mit einem Käufer verschwand, atmete Esteban erleichtert auf. Es blieben noch sechs, und bald, wenn's so weiterging, würde wohl keine mehr übrigbleiben.

„Na, was sagst du jetzt, hm?" fragte Pedro und lächelte stolz.

„Toll, toll . . .", und er war seinem Freund und Sozius enorm dankbar.

„Abenteuerhefte, Abenteuer, wollen Sie kein Abenteuerheft, Herr?" Der Mann blieb stehen und betrachtete die Titelbilder. Wieviel? Bloß ein Sol fünfzig . . . Die Hand des Mannes schwebte unentschlossen über zwei Zeitschriften. Welche, welche sollte er mitnehmen? Endlich entschied er sich. Da ist das Geld. Und die Münzen verschwanden klimpernd in Pedros Tasche. Esteban beschränkte sich darauf zuzusehen, überlegte und zog seine Schlüsse: Träumen, droben in Tarma, von einer Bestie mit einer Million Köpfe, das war eine Sache; eine andre war's, in Lima zu sein, mitten im Zentrum des Universums, das Leben mit Genuß einzuatmen und zu schmecken.

Er war der kapitalistische Partner, und das Geschäft ging allerbestens. Abenteuer, Abenteuerhefte, schrie der Industrie-Partner, und dann verschwand wieder ein Heft in ungeduldigen Händen. Beeil dich mit dem Wechselgeld! rief der Käufer. Und alle Welt hastete unaufhörlich vorbei. Wohin gehen die nur, daß sie's so eilig haben? dachte Esteban.

Na ja, immerhin, die Bestie war eine gutmütige Bestie, freundlich, wenn auch ein wenig schwierig zu verstehen. Das machte aber nichts; mit der Zeit würde er sich bestimmt daran gewöhnen. Es war eine herrliche Bestie, die da zuließ, daß sich der Zehnsolschein vervielfachte. Jetzt blieben nur noch zwei Hefte auf der Balustrade. Nur zwei mehr, und acht waren in unbekannten und ungekannten Winkeln der Bestie verschwunden. Abenteuer, Abenteuerhefte, Abenteuer, ein Sol fünfzig . . . Da, jetzt waren alle bis auf eines weg, und Pedro verkündete, daß es halb fünf sei.

„Verdammt! Ich sterb fast vor Hunger, hab nicht zu Mittag gegessen", stieß er hervor.

„Nicht zu Mittag gegessen?"

„Nein, nicht zu Mittag gegessen . . ." Er beobachtete mögliche Käufer unter den Passanten, dann schlug er vor: „Könntest du nicht gehen und ein Brötchen oder ein Stück Kuchen kaufen?"

„Schön", sagte Esteban auf der Stelle.

Pedro holte ein Solstück aus der Tasche und erläuterte: „Das ist von den zwei fünfzig aus meinem Verdienst, verstehst du?"

„Ja, ich weiß schon."

„Siehst du das Kino?" fragte Pedro und deutete auf eins an der Ecke. Esteban nickte. „Gut, du gehst die Straße entlang, und in der Mitte des Blocks ist ein kleiner Laden von Japanern. Da gehst du hinein und kaufst mir ein Schinkenbrot. Oder bring mir lieber eine Banane und Zwieback, irgend etwas, Esteban, ja?"

„Ja."

Er nahm den Sol, überquerte die Straße, ging zwischen zwei geparkten Autos hindurch und bog in die Straße ein, die Pedro ihm bezeichnet hatte. Ja, da war der Laden. Er ging hinein.

„Geben Sie mir ein Schinkenbrot", sagte er zu dem Mädchen, das bediente.

Sie nahm das Brot aus dem Schaufenster, wickelte es ein und gab es ihm. Esteban legte die Münze auf den Ladentisch.

„Macht einen Sol zwanzig!" machte das Mädchen ihn aufmerksam.

„Einen Sol zwanzig!" Er gab das Brot zurück und stand einen Augenblick unentschlossen da. Dann entschied er sich: „Geben Sie mir Zwieback für einen Sol."

Das Paket mit den Zwiebäcken in der Hand, ging er langsam zurück. Er kam am Kino vorbei und blieb stehen, um die lockenden Anzeigen zu betrachten. Er schaute sie an, solange es ihm Spaß machte, dann ging er weiter. Ob Pedro das letzte Heft schon losgeworden war?

Später, auf dem Heimweg nach „Fast-Schon-Im-Himmel", würde er glücklich sein, ganz und gar glücklich. Er dachte weiter darüber nach, ging schneller, überquerte die Straße, wartete, bis einige Autos vorbeigefahren waren, und erreichte den Bürgersteig. Zwanzig oder dreißig Meter weiter vorn war Pedro zurückgeblieben. Oder hatte er sich geirrt? Denn Pedro war nicht mehr an der Stelle, auch sonst nirgends. Er erreichte den genauen Fleck, und nichts, kein Pedro, kein Heft, keine fünfzehn Sol, kein . . . Wie hatte er sich so verirren oder verlaufen können? Aber, war denn das nicht, wo sie vorhin die Zeitschriften verkauft hatten? War's oder war's nicht hier gewesen? Er schaute um sich. Doch, da in der Anlage hinter der Balustrade lag noch die leere Schokoladenpackung. Das Papier war gelb mit roten und schwarzen Buchstaben darauf, und er hatte es gesehen, als sie sich dort aufgestellt hatten, vor mehr als zwei Stunden. Ja dann – dann hatte er sich doch nicht verlaufen? Und Pedro, die fünfzehn Sol, und die Zeitschrift?

Nun, kein Grund, sich aufzuregen, dachte er. Wahrscheinlich hatte er zu lange gebraucht, und Pedro suchte ihn jetzt. Das war's, so mußte es gewesen sein, klar. Die Minuten verstrichen. Nein, Pedro war nicht auf der Suche nach ihm, sonst wäre er schon zurück. Vielleicht war er mit einem Käufer zum Geldwechseln gegangen. Immer mehr Minuten verstrichen. Nein, Pedro war nicht zum Geldwechseln gegangen, sonst wäre er schon zurück. Dann . . .?

„Herr, wissen Sie, wieviel Uhr 's ist?" fragte er einen jungen Mann, der vorbeiging.

„Ja, Punkt fünf."

Esteban senkte den Blick, versenkte ihn in die Haut der Bestie und zog es vor, nicht weiter zu überlegen. Er wußte, wenn er weiter überlegte, würde er weinen müssen, und das ging nicht. Er war schließlich schon zehn Jahre alt, und zehn Jahre waren nicht acht, auch nicht neun. Es waren zehn Jahre!

„Wissen Sie, wieviel Uhr 's ist, Fräulein?"

„Ja." Sie lächelte und sagte mit hübscher Stimme: „Zehn Minuten nach sechs", und ging hastig weiter.

Und Pedro, und die fünfzehn Sol, und die Zeitschrift? . . . Wo waren die? In welchem Winkel dieser Bestie mit der Million Köpfe waren sie denn? . . . Leider wußte er es nicht, und es blieb nur eins: warten und weiter warten.

„Wieviel Uhr ist's, Herr?"

„Viertel vor sieben."

„Danke."

Ja, dann? . . . Dann würde Pedro also nicht mehr zurückkommen? . . . Weder Pedro noch die fünfzehn Sol, noch auch die Zeitschriften würden wiederkommen . . . Hunderte von Leuchtreklamen waren angeschaltet worden. Leuchtreklamen, die angingen und wieder ausgingen; und immer mehr Menschen auf der Haut der Bestie. Und die Leute gingen jetzt noch hastiger. Schnell, schnell, beeilt euch, noch schneller, noch, noch schneller, beeilt euch noch mehr, es muß immer noch sehr viel schneller gehen. Und Esteban harrte reglos, stand an die Balustrade gelehnt, das Paket Zwiebäcke in der Hand und die Hoffnung in der Tasche Pedros . . . Unbeweglich, angestrengt, um nicht in lautes Weinen auszubrechen.

Dann – hatte Pedro ihn also beschwindelt? . . . Pedro, sein Freund, hatte ihm den orangefarbenen Schein gestohlen? . . . Oder war nicht vielmehr die Bestie mit einer Million Köpfe die Ursache? . . . Und war Pedro vielleicht nicht Teil der Bestie?

Ja und nein. Aber jetzt war nichts mehr wichtig. Er verließ die Balustrade, knabberte an einem Zwieback und ging, untröstlich, zur Straßenbahn.

Interview mit einem Straßenjungen (Gamin)

Das folgende Interview wurde von Padre Nicolo in Bogotá gemacht.

[. . .]

JOSE: Als ich kleiner war, mußte ich stehlen, ums auf der Straße auszuhalten. Dann gab's verschiedene Wege, um zu klauen. Wir klauten Autoscheibenwischer, wir klauten Handtaschen. Die nannten wir „Chenchas". Wegreißen (abatanear). Zack! Also, wir machten viele Sachen . . .

Pater N.: Welche Sachen haben einen speziellen Namen auf der Straße, zum Beispiel Handtaschen, Radios, Uhren?

Jose: Also, ein Radio wird „coco“, eine Uhr wird „pepa“ (Stein) genannt. Ein „limpia“ ist’n Wischer. Klar, da weiß man schon, daß es ein Wischer von einem Auto war. Hitachi sagt man auch für ein Radio, oder auch sonst ein „Ioro“ (Papagei). Nun, es gibt verschiedene Formen der Bezeichnung. Nehmen wir an, einer sagt: „Hör mal, Bruder!“ „Was?“ „Wirst du diesen Ersatz runterholen?“ Nun, dann weiß man, daß es ein Ersatzreifen ist . . . So gibt es verschiedene Formen, die Sachen zu bezeichnen. Unter uns ist es schon normal, es in dieser Form zu nennen. Um es auszuhalten, muß einer fast regelmäßig stehlen.

Pater N.: Was für Formen gibt es, auf der Straße zu stehlen?

Jose: Nun, es gibt verschiedene Formen, um zu klauen. Nehmen wir an, eine Art zu klauen ist, den Leuten etwas wegzunehmen, oder sagen wir mal: wegzureißen. Manchmal kommt man mit leeren Händen. Nun gut, dann geht es mal wieder vorwärts. Es gibt ’ne andere Art, wo man ganz ruhig, frisch, bei einem „Cyrano“ (Kaffeestube) oder an irgendeinem anderen Platz bleibt, oder plötzlich, nehmen wir an, tut man sich mit Leuten vom Spiel zusammen, und dann wartet man auf die Gelegenheit und . . . pumm! Da ist der Schlag zum Stehlen. Und so geht’s weiter und so fort. Aber wenn man mit ’ner Bande geht . . . Nun, das Schönste ist, von einem Auto zu klauen, nicht? Einer geht vorbei: tin, tin, tin. Man wartet auf einen Moment – pumm! Man reißt eine „chencha“ (Handtasche), irgend etwas, ran zum Schlag. Wer kann einen fangen, nachdem das Auto angefahren ist oder wenn's mitten durch die Wagen geht oder wenn man zu zweit oder dritt ist. Pss! – na, da fängt uns keiner. Fast regelmäßig, immer, machen sie nur Krach und „Ai, fangt ihn, fangt ihn, er hat mich beklaut!“ Aber was! Zu spät! Man ist schon längst auf der anderen Straßenseite oder ist schon – pss – schon weg.

PATER N.: Haben sie dich schon mal gefangen?

JOSE: Uh, verschiedene Male, Pater, mehr als einmal.

PATER N.: Gibt es dann eine Bestrafung?

JOSE: Ja, Pater, mehr als eine. Wenn sie einen fangen, geben sie einem fürchterliche Fußtritte. Man weiß ja, daß das logisch ist . . .

PATER N.: Und wer hat dir Fußtritte gegeben?

JOSE: Fast regelmäßig ist es der Kerl, dem man was weggenommen hat, der Besitzer. Es gibt viele Male, da kommen einige „cuchas“ (Frauen) und pumm! – geben sie einem eine mit der Handtasche, oder wenn nicht, geben sie einem eine mit dem Schirm. Dann kommt der andere vorbei und huiii! – nimmt den Schirm mit, und ab geht's Freundchen. Ja, ja, man nimmt zwei Sachen mit einem Male! Fast regelmäßig, macht man es immer auf diese Art. [. . .]

PATER N.: Welche andere Art zu stehlen gibt es? Was ist zum Beispiel „abatanear“ (abreißen)?

JOSE: Abreißen, das ist eine Uhr abreißen, nun, einfach abreißen. Nicht immer nur eine Uhr. Auch eine Tasche, eine Kette, ein Paket, das einer trägt, eine Jacke oder Ohrringe, eine Mütze . . . [. . .]
Das Abreißen allein ist nicht das Wichtigste, sondern viele Male, sagen wir mal, stiehlt man Wischer. Am Anfang, sagen wir mal, als ich zum Parque de los Periodistas[7] zog, habe ich mit dem Wischer angefangen. Und

[7] Park im Stadtzentrum von Bogotá.

„Gamines" in den Straßen Bogotás

wir kamen und stahlen – auf der ganzen Neunzehnten Straße. Am Tag stehlen wir manchmal 9, 10, 7 Wischer, was uns 200 bis 300 Pesos brachte. Die halfen uns schon.

PATER N.: Was habt ihr mit dem Geld gemacht?

JOSE: Nun, was machten wir mit dem Geld? Häufig, fast immer haben wir es verteilt. Alles, Pater. Wir gingen ins Kino, oder wir haben Marihuana geraucht, oder wenn nicht, haben wir es aufgehoben. Und am Samstag gingen wir zum Freikampf, und wir kauften eine Flasche Schnaps. Oder wenn wir nichts kauften, sagten wir: „Wollen wir alles in einen Topf tun, Bruder? Ihr nehmt die Sachen, und wir nehmen Aguardiente (Anisschnaps)." Nun, dann brachten die anderen Marihuana, und wir brachten, sagen wir, Aguardiente. Oder wenn nicht, dann mal ganz umgekehrt. Wir gingen zum Kampf, oder wenn nicht, gingen wir, sagen wir mal, zu einer Bude zum Tanzen. [. . .] Aber wir gingen nicht, um lustig zu sein, sondern zum Klauen.

PATER N.: Was gibt man dem Polizisten, [. . .] wenn er einen erwischt?

JOSE: Manchmal gibt man ihm, sagen wir, nun im Momentchen, in dieser Zeit, fressen die so von 200–300 (Pesos Bestechungsgeld) und aufwärts. [. . .]

PATER N.: Und manchmal kriegst Du einen Auftrag, um etwas zu stehlen?

JOSE: Klar, da kommt mehr als einer. Die kommen zum Parque de los Periodistas, am Sonntag: „Gamin, ich bestelle bei dir ein paar Wischer. Ich brauche einen Spiegel. Guck mal, ich brauch' so und so." Ein Tag kam ein Mann in einem Wagen, einem roten Simca. Der nahm uns mit, damit wir ihm ein paar Wischer klauen würden. „Gut, wir klauen sie für dich. Aber wollen erst mal sehen, wie du dich benimmst. Machen wir mal erst den Handel." Und dann gab er uns 50 Pesos, damit wir sie klauten. Später würde er uns 100 geben. Wir haben ihm das Paar geklaut, seine Wischer, und sind losgerannt, mit allem und den 50 Pesos. Ja, ja, den haben wir schön reingelegt. Klar, der hat zuviel Vertrauen gehabt: Ich warte an der Ecke auf euch, und du gehst und klaust sie. Wir selbst haben sie ihm abgenommen und sind dann verduftet. Klar, sehen Sie nicht, der hat uns ja schon 50 Pesos gegeben. Dazu die zwei Wischer. Was sollten wir da noch zurückgehen. So geht es nun mal zu, Pater.

5. Lesetips

Wer noch mehr erfahren möchte über die Indios in Lateinamerika, der sei auf folgende Jugendbücher verwiesen:

HANS BAUMANN: Gold und Götter von Peru. Ravensburger Taschenbuch, 1969.
Hier wird die Geschichte der Indios in Peru spannend und anschaulich erzählt.

LOTTE BETHE: Das Lied der Sumpfgänger. Ravensburger Taschenbuch, 1979.
Christian fährt mit seinem Vater, einem Entwicklungshelfer, nach Südamerika. Dort wird er mit der Arbeit von Amnesty International bekanntgemacht.

KARL BRUCKNER: Viva Mexika. Benzinger Verlag, Wien/Einsiedeln 1959.
Der 12jährige Indiojunge Juanito zieht mit Rebellen durchs Land.

LEIF JORGENSEN: Brennende Felder. Signal-Verlag, Baden-Baden 1977.
Die indianischen Bewohner eines Dorfes in Guatemala werden gezwungen, auf einer Kaffeeplantage zu arbeiten.

REINHARD JUNG: Carlos und die Wellblechkinder. Terre des Hommes, Osnabrück 1975.
Carlos lebt mit seinen Geschwistern und seiner Mutter am Rande der großen Stadt. Jeder Tag wird zu einem neuen Kampf gegen den Hunger.

LUDWIG RENN: Trini. Weismann-Verlag, München 1973.
Die Geschichte eines indianischen Landarbeiterjungen während der mexikanischen Revolution.

FREDRIK VAHLE: Ich erzähle von Pedro. Geschichten, Märchen und Lieder aus Mexiko. Gertraud Middelhauve Verlag, Köln 1983.

Sven Wernström: Der Schatz im Dorf der Armen. Basis-Verlag, Berlin o. J.
Ein schwedischer Junge soll in Guatemala die Hauptrolle in einem Film über Entwicklungsländer spielen. Bei den Dreharbeiten freundet er sich mit einem Indio an.

Ein spannendes Würfelspiel zu dem Buch „Ein Indio darf den Tag nicht verschlafen" gibt es bei Brot für die Welt, Stuttgart.

Textquellenverzeichnis

S. 49: Ursula Wölfel, Die grauen und die grünen Felder, in: Ursula Wölfel, Die grauen und die grünen Felder, Moldautal-Neunkirchen (Anrich) 1970

S. 55: Gunhild Niggestich, Bolivien – ein Land im Herzen Südamerikas, in: Gunhild Niggestich, Bericht über eine Reise nach Potosi im Anhang zu Günther Feustel, Ein Indio darf den Tag nicht verschlafen, München (Weismann) 1977, S. 63 ff.

S. 58: Reichtum, der Armut bringt, in: Die Zerstörung der indianischen Landwirtschaft durch die Spanier, Osnabrück (Terre des Hommes, Heft 1) 1978, S. 11

S. 60: Gunhild Niggestich, Potosi einst und jetzt, in: Gunhild Niggestich, Bericht über eine Reise nach Potosi im Anhang zu Günther Feustel, Ein Indio darf den Tag nicht verschlafen, München (Weismann) 1977, S. 88 ff.

S. 61: Anneliese Günther, Ungleiche Geschwister: Silber und Silikose, in: Anneliese Günther, Gesichter Boliviens, Osnabrück (Terre des Hommes, H. 1) 1978, S. 27

S. 65: Anneliese Günther, Heile Welt in Mutters Aguayo, in: Anneliese Günther, Gesichter Boliviens, Osnabrück (Terre des Hommes, H. 1) 1978, S. 26 f.

S. 67: Caroline Maria de Jesus, Aus dem Tagebuch der Armut, Hamburg (Christian Wegner) 1962, © Nymphenburger Verlagshandlung München

S. 72: „Ich war zwölf, als ich anfing zu arbeiten“, Albert und Ute Sodemann, Warum in Kolumbien Kinder in Bergwerken Kohle fördern, Osnabrück (Terre des Hommes, H. 2) 1978, S. 28–31

S. 77: Kleine Hände, kleine Fäuste, in: Reinhard Jung und Hildegard Bußmann. Kleine Hände, kleine Fäuste. Arbeitende Kinder in Lateinamerika, Sendung „Der Grüne Punkt“ vom 24. 12. 1982, Stuttgart

S. 80: Enrique Congrains Martin, Der Kleine von ‚Fast-Schon-Im-Himmel‘, in: Zeit der Reichen – Zeit der Armen, Wuppertal (Jugenddienst-Verlag) o. J.

S. 94: Interview mit einem Straßenjungen (Gamin), Osnabrück (Terre des Hommes, H. 2) 1978, S. 35–37

Bildquellennachweis

Umschlagseite 1: Dia aus der Diamappe ‚Bolivien' von Terre des Hommes, Osnabrück, o. J.

S. 55: Karte von Südamerika

S. 67: Elendsviertel (Favela) in Bogotá, in: Beiheft zur Diamappe „Kolumbien" von Terre des Hommes, S. 10

S. 73: Luis Fernando an seinem Arbeitsplatz, Foto von Albert Sodemann, Osnabrück (Terre des Hommes, H. 1) 1978

S. 75: Freunde von Luis auf dem Weg in den Berg, Foto von Albert Sodemann, Osnabrück (Terre des Hommes, H. 1) 1978

S. 78: Kinderarbeit im Steinbruch, in der Serie: Carlos und die Wellblechkinder, Terre des Hommes (Hilfe für Kinder in Not)

S. 97: „Gamines" in den Straßen Bogotás, Osnabrück (Terre des Hommes, H. 2) 1978

Folgende Jugendbücher (und Anthologien) eignen sich besonders für die Lektüre auf der Orientierungsstufe (Kl. 5/6):

(Die Lehrerkommentare hierzu sind in Klettbuch-Nummer 261344 enthalten).

Geschichten nicht nur für Kinder
erzählt von **Siegfried Lenz, Wolfdietrich Schnurre und Kurt Kusenberg**
Text und Materialien, bearbeitet von Jürgen Wolff
Klettbuch 26104

Märchenreise durch Europa
Text und Materialien, bearbeitet von Barbara Stamer
Klettbuch 26121
Vier motiv- und stoffähnliche Märchengruppen aus Deutschland – Griechenland – Frankreich – bzw. Italien und der Türkei machen deutlich, wie variantenreich die entsprechenden deutschen Märchen der Brüder Grimm hier anders und neu erzählt werden.

Enid Blyton: 5 Freunde und das Burgverlies
Text und Materialien, bearbeitet von Dagmar Grenz
Klettbuch 26061

Daniel Defoe: Robinson Crusoe
Text und Materialien, bearbeitet von Rainer Siegle
Klettbuch 26065

Häuptling Büffelkind erzählt sein Leben (gekürzt)
Text und Materialien, bearbeitet von Rainer Siegle
Klettbuch 26066

Lisa Tetzner: Der Fußball
aus „Die Kinder aus Nr. 67“
Text und Materialien, bearbeitet von Jutta Grützmacher
Klettbuch 26082